Introvertidos

La Guía Definitiva para Introvertidos que desean ser más Abiertos, Sociables y Desarrollar Habilidades de Liderazgo, sin Renunciar a su Introversión

Índice

Introducción

¿Se siente nervioso en lugares llenos de gente? ¿Siente angustia al hablar con personas que no conoce? ¿Le sudan las manos cuando se ve forzado a iniciar una conversación? Si ha respondido afirmativamente a alguna de las preguntas anteriores, no se preocupe. El temor a la interacción social es bastante frecuente y usted no está solo en esto.

El mundo se puede dividir en dos tipos de personas: aquellas de carácter abierto, que adoran hablar y salir, y aquellas que prefieren la soledad y el silencio. Las primeras, son personas extrovertidas, mientras que las últimas son introvertidas. Si se encuentra leyendo este libro, todo apunta a que usted forma parte de la segunda categoría.

Las personas introvertidas son a menudo mal interpretadas, en adición a que tener un carácter introvertido es, en sí misma, una experiencia abrumadora. Ser introvertido, en un mundo guiado por extrovertidos, puede resultar extraño e incómodo. Sin importar la edad, sentir las limitaciones de la introversión en un mundo lleno de gente de carácter abierto y sociable es complicado.

La introversión conlleva tener que enfrentar problemas adicionales cada día, dado que los protocolos sociales están, en su mayoría, orientados a los extrovertidos. Esto acaba conduciendo a la persona introvertida a desarrollar problemas personales y profesionales en algunos casos. Por ejemplo, los introvertidos normalmente tratan de eludir las reuniones de trabajo, ya que suelen tener lugar en espacios grandes y llenos de público. Asimismo, evitan conocer gente nueva porque les intimida desenvolverse en bares, discotecas, restaurantes llenos de gente, etc.

Decididamente, son muchos los problemas que los introvertidos enfrentan día tras día, pero esto no significa que sean imposibles de superar. Por el contrario, se pueden evitar fácilmente, solo hay que saber cómo hacerlo. Lo único que necesita es aplicar ciertas indicaciones y este libro le dirá cuáles son.

Si sigue leyendo, encontrará descripciones detalladas de cómo funciona una mente introvertida y las dificultades que se encuentra cotidianamente. Se analizan también las esferas de la vida profesional, social, y personal de una persona con estas características. Y todo ello, ofreciendo excelentes consejos que pueden ayudarle a aceptar su introversión, y convertirle en un individuo sin miedos y abierto a nuevas experiencias.

Para que resulte ameno, este libro se ha escrito con un lenguaje simple, claro y fácil de entender. De esta forma, incluso un principiante podrá comprender lo que ocurre en el interior de las personas introvertidas. Ser introvertido puede ser duro, pero este libro le ayudará a llevarlo con mayor facilidad.

Capítulo Uno: ¿Es usted introvertido?

La introversión es un rasgo de la personalidad que es, a menudo, juzgado y entendido negativamente. Esto se debe a la actitud callada que suelen mostrar estas personas. Su silencio es confundido habitualmente con un signo de arrogancia o mala educación. Son muchos los que piensan que a las personas introvertidas no les gusta tratar con la gente, pero se trata, obviamente, de un falso estereotipo.

A los introvertidos no les molesta la gente. Simplemente necesitan tomar un respiro de vez en cuando lejos de la sociedad para recargar su propia energía. Habitualmente, les resulta complicado conectar con otras personas y participar en charlas superfluas. No obstante, les agrada disfrutar de una conversación significativa y llena de contenido.

La creencia popular suele ser que los momentos de soledad son apreciados exclusivamente por los introvertidos, pero esto es nuevamente falso. Muchos extrovertidos necesitan de vez en cuando estar solos. En la actualidad, la gente puede incluso sentir confusión acerca de su propia personalidad, dudando por ejemplo si son introvertidos o extrovertidos. En esta sección del libro trataremos de aclarar algunos aspectos para ayudarle a distinguir si es usted una persona introvertida.

Signos de la Persona Introvertida

- **Charlas superficiales**

La mayoría de las personas introvertidas odia el parloteo. Usualmente intentan evitar a toda costa situaciones que les conducirán a conversaciones banales. No les agrada hablar sobre temas triviales, como el tiempo, las modas, etc. Por contra, participan con entusiasmo en conversaciones profundas y llenas de significado.

- **Demasiadas Reflexiones**

Muchos introvertidos cometen el error de pensar demasiado. Esto quiere decir, que en muchas ocasiones analizan en exceso situaciones que realmente requieren de un análisis menos exhaustivo.

- **Disfrutar de la Soledad**

Como se ha mencionado anteriormente, los introvertidos adoran la soledad. Les gusta pasar tiempo a solas y disfrutar de actividades como la lectura, ver películas, escribir, escuchar música, etc. Prefieren, por ejemplo, pasar el fin de semana solos, en lugar de acudir a cualquier fiesta ruidosa y superflua. No es únicamente que les guste estar solos, es que lo necesitan. Esto es debido a que suelen necesitar una recarga de sus niveles de energía social después de tratar con otras personas.

- **Cualidades de Liderazgo**

Este punto puede resultar chocante, pero habitualmente son excelentes líderes. Los introvertidos pueden, además de hacer grandes reflexiones, conectar profundamente con otras personas. Debido a su capacidad de escucha activa, suelen tener en consideración las opiniones de otras personas. Lejos de ser líderes despóticos, les gusta escuchar cada una de las aportaciones y puntos de vista de la gente que les rodea.

- **Problemas con las Relaciones Sociales**

Si un introvertido asiste a un evento social, como una fiesta o una cita, muy probablemente se sienta incómodo. En las fiestas donde no conocen a nadie pueden sentirse presionados, estresados, o aislados. Al no sentirse atraídos por las charlas superficiales, prefieren desenvolverse en grupos reducidos de gente.

• **Imaginación**

Los introvertidos poseen una gran imaginación. Son muy creativos, y les gusta ir por delante de los demás. El problema surge a la hora de expresar sus ideas.

• **Hablar por Teléfono**

Tal y como hemos comentado antes, no se encuentran cómodos al teléfono. En su lugar, prefieren los mensajes de texto.

• **El Centro de Atención**

A los introvertidos no les gusta ser el centro de atención. Prefieren permanecer al margen, especialmente en lugares llenos de gente.

• **Necesidad de Tiempo a Solas para Recargar**

El introvertido recarga su propia energía cuando se encuentra en soledad. Las reuniones y eventos sociales les agotan. Cuando sienten que su energía se ha drenado, a menudo se retiran a entornos silenciosos y tranquilos para recargarla.

• **Capacidad de Escucha Activa**

Los introvertidos suelen ser grandes oyentes, ya que no les agrada imponer sus ideas sobre otros.

• **Grupos Reducidos**

Generalmente no tienen un gran número de amigos, sino más bien unos pocos. Sin embargo, suelen estar muy apegados a ellos.

• **Buenos Observadores**

Tienden a ser buenos observadores, y prestan atención a los pequeños detalles.

• **Ansiedad**

Muchos introvertidos presentan trastornos de ansiedad. Esto normalmente se debe a que analizan todo demasiado.

- **Empatía**

Los introvertidos, en muchas ocasiones, entienden y se identifican con los problemas de otras personas. Pueden comprender las emociones de otros, e incluso canalizarlas.

- **Trabajo en Equipo**

Prefieren trabajar solos, aunque también saben cómo trabajar en equipo. De hecho, pueden ser excelentes líderes si tienen la oportunidad.

- **Creatividad**

Las personas introvertidas son generalmente creativas porque tienen una imaginación potente, son buenos observadores, y presentan sensibilidad emocional. Miran al mundo desde una perspectiva diferente y habilidosa.

- **Almas Viejas**

Ya hemos mencionado que odian las conversaciones superficiales y se sienten más cómodos conversando de una manera profunda y filosófica; por este motivo, mucha gente los apoda "almas viejas".

- **Dificultad para Tratar con el Extrovertido**

Los introvertidos, a menudo, se sienten intimidados por las personas extrovertidas. Sienten una barrera que les dificulta acercarse a ellos y hablarles.

- **Expresar los Pensamientos con Palabras**

Con frecuencia tienen muchas ideas que aportar, pero no saben cómo expresarlas. Temen ser juzgados o incomprendidos, y por ello les resulta difícil transmitir sus pensamientos.

- **Trastornos del Sueño**

Los cerebros de los introvertidos suelen estar muy activos. Por lo tanto, tienen problemas para conciliar el sueño.

- **Desagrado por los Bullicios**

Normalmente, les cuesta permanecer en lugares bulliciosos porque se sienten fuera de lugar.

- **Introversión no es Igual a Timidez**

Hay ciertas diferencias. Es verdad que a los introvertidos no les agrada demasiado socializar, pero no sienten angustia por tratar con otras personas. Las personas tímidas, sin embargo, encuentran muy intimidante socializar. Además, los tímidos que son también extrovertidos normalmente no se sienten cómodos estando solos.

- **Entablar Conversaciones**

A los introvertidos no les gusta iniciar conversaciones. Les cuesta mucho entablar una charla, ya que detestan hablar de temas insignificantes. Aunque esto no quiere decir que no les agrade hablar con la gente. Si alguien se acerca a ellos, generalmente corresponden con una magnífica conversación.

- **Evitar Confrontaciones**

La persona introvertida evita los conflictos y discusiones. No se sienten cómodos imponiendo su criterio. Se inclinan a esperar y ver cómo se desarrolla el motivo de discordia antes que entrar en una discusión, ya que prefieren mantener las cosas en armonía y paz.

- **Alejarse de Masas y Ruidos**

Las mentes de los introvertidos son a menudo muy desarrolladas y creativas, con una imaginación muy activa. Generalmente, se alejan de multitudes y ruidos cada cierto tiempo.

Tipos de Introversión

Podemos encontrar numerosos artículos, listados e historias que tratan sobre las diferencias entre personas introvertidas y extrovertidas. A pesar de toda esta información disponible, no es muy conocido el hecho de que existen cuatro tipos de introversión.

Obviamente, hay grandes diferencias de personalidad, pero conforme a la teoría predominante en la actualidad se pueden diferenciar cuatro tipos de introvertidos: el social, el ansioso, el reflexivo y el inhibido. Vamos a analizar cada uno de ellos.

• Introvertido Social

Este es el más estereotipado entre todos. Los introvertidos sociales prefieren vivir en soledad y no les gusta interaccionar con la gente; prefieren evitar las interacciones. Su círculo de amistades y familiares es muy reducido y guarda una estrecha relación con ellos.

Generalmente encuentran su energía pasando tiempo a solas. Eligen estar solos, en lugar de estar en grupo, porque los grupos les drenan su energía mental, emocional, e incluso física.

Este tipo de introversión es a menudo tomada, erróneamente, por timidez. Son muchos los que piensan que los introvertidos sociales son tímidos, aunque la verdad es que una cosa no tiene por qué ir asociada a la otra. De hecho, un introvertido social puede ser bastante sociable, pero prioriza su soledad frente a la compañía. Las personas tímidas pueden ser de la misma manera sociables, pero no se sienten atraídas por unirse a un grupo.

• Introvertido Reflexivo

Este tipo de introvertido se caracteriza por soñar despierto acerca de salir y entablar conversaciones con otras personas. Para ellos la realidad sería ideal si se correspondiese con sus fantasías. Les gusta pensar y analizar ideas, y también disfrutar de la nostalgia. Adoran perderse en sus recuerdos y pensamientos (pero no de forma neurótica).

• Introvertido Ansioso

El tercer tipo de introvertido es el ansioso. Tal y como el nombre sugiere, las personas que sufren esta clase de introversión se preocupan y sienten ansiedad ante ciertas situaciones. Disfrutan de la soledad y tienden a sentirse angustiados, incómodos, y cohibidos cuando se encuentran rodeados de gente.

Habitualmente, esta introversión se relaciona con problemas de socialización previos; problemas centrados en las conversaciones e interacciones sociales. A causa de acontecimientos anteriores, los introvertidos ansiosos suelen encontrar complicado relacionarse con otras personas. Pero esto no significa que dichas experiencias negativas no puedan combatirse, ya que las perspectivas de la persona que presenta esta introversión pueden cambiarse para que pueda sentirse más cómoda en situaciones sociales.

Dos métodos que pueden ayudar a los introvertidos a reducir la negatividad en este respecto son el asesoramiento y la terapia. Con la ayuda de estos medios puede reconstruir su confianza social.

- **Introvertido Inhibido**

Esta forma es menos común que las citadas anteriormente. Los introvertidos inhibidos o retraídos encuentran difícil relacionarse y abrirse a otras personas. Les gusta estar en compañía de otros, pero únicamente después de haberse acostumbrado a esas personas y a la situación. Son generalmente conocidos como "reservados" y les gusta pensar antes de hablar, y observar a los demás antes de expresar sus ideas.

A pesar de que hemos enumerado cuatro tipos de introvertidos, estos constituyen únicamente los tipos principales, existen muchos más. Se hace imposible distinguir todas las formas posibles de introversión debido a que son altamente complejas y se superponen unas a otras. Este modelo puede ayudarle a entender los tipos básicos y alcanzar un mejor conocimiento de sí mismo, pero no utilice esta clasificación para encasillarse. Comúnmente, se tiende a tener una mezcla de los cuatro tipos anteriores. Recuerde, las personas son complejas y categorizarlas siempre conduce a deducciones incorrectas.

Introvertidos Famosos

Mucha gente piensa que para triunfar en la vida es necesario ser extrovertido. Realmente esto es un mito que se desmonta con solo mirar a muchos famosos que alcanzaron el éxito precisamente por su personalidad introvertida. En esta sección, veremos algunos de los más exitosos y conocidos introvertidos

- **Albert Einstein**

Albert Einstein es quizás el físico y científico más conocido mundialmente, y es también uno de los introvertidos más reconocidos. Einstein creía firmemente que su conocimiento, éxito y creatividad eran el resultado de su introversión y su hábito de introspección. Las nuevas ideas y descubrimientos sucedían cuando se encontraba en soledad.

Como Einstein, usted puede sentarse solo y disfrutar de esa paz. Le ayudará a desarrollar un pensamiento creativo y aplicarlo a las tareas que quiere realizar.

- **Bill Gates**

Bill Gates es uno de los personajes más ricos y exitosos del planeta. También es un introvertido. Él cree que la serenidad que ofrecen los momentos en soledad puede contribuir al éxito de una persona porque dichos momentos permiten pensar tranquilamente, analizando las ideas desde distintos puntos de vista, y combinándolas de manera que junto a la energía de los extrovertidos conduzcan a que una compañía triunfe.

Otro hecho que resulta apropiado destacar acerca de Gates es que, a pesar de ser introvertido, no es tímido. Esto demuestra que nadie es totalmente introvertido o totalmente extrovertido.

- **Eleanor Roosevelt**

Eleanor Roosevelt fue una figura pública emblemática que siempre será recordada por sus conferencias de prensa, lecturas públicas, y personalidad carismática. Debido a esto, puede resultar llamativo para algunas personas descubrir que poseía una personalidad introvertida. Ella tenía la firme convicción de que es crucial ser amigo de uno mismo, ya que de lo contrario es imposible ser amigo de otros. Para ser amigo de uno mismo es necesario disfrutar y relajarse en soledad.

La soledad es clave para desarrollar la sensibilidad por los demás y sus problemas. Le permite relacionarse con los demás a un nivel más profundo. Por lo tanto, la introversión contribuye a una mejor conexión con otras personas, a través de la soledad.

- Meryl Streep

Solemos pensar que los actores son por naturaleza extrovertidos, porque suelen ser sociables, expresivos y demuestran mucha confianza en sí mismos. La realidad es que un número sorprendente de ellos son introvertidos. Uno de los ejemplos más destacables es Meryl Streep. Ella es una actriz segura de sí misma y con un gran talento, pero elige disfrutar de su soledad de vez en cuando. Tiene un profundo y amplio conocimiento de sus características introvertidas, y lo utiliza en su beneficio.

Estos ejemplos arriba citados ponen de manifiesto que los introvertidos no son superiores a los extrovertidos, y viceversa. Ambas personalidades poseen sus propios puntos fuertes y débiles, y todo depende de cómo se usen.

Por lo tanto, los introvertidos son especiales en su propia forma de ser, y no es necesario ser duro con uno mismo por el hecho de tener este carácter. No puede cambiar su personalidad y convertirse en extrovertido. Si siente que su introversión le está causando problemas, puede cambiar ciertos rasgos ligeramente, o como Streep, usar sus características introvertidas en su beneficio.

Es importante que mantenga presente que nadie es por completo extrovertido o introvertido, únicamente es necesario aprender a adaptarse a cada situación o aceptarlas. Use su creatividad y su pasión para conquistar sus metas y vivir la vida al máximo de sus posibilidades.

Capítulo Dos: Mitos sobre los Introvertidos

Lo hemos mencionado anteriormente, hay demasiados mitos asociados a los introvertidos, muchos de los cuales son inofensivos, pero otros pueden dañar la integridad y la imagen. En este apartado veremos algunos de estos mitos relacionados con la introversión.

"Los Introvertidos son Tímidos"

Mucha gente piensa que los introvertidos son tímidos y que no les gusta interactuar con otros. Esto es falso. A las personas introvertidas les gusta interactuar con la gente, pero lo encuentran extenuante, por tanto, no lo hacen demasiado a menudo. La timidez no es un rasgo exclusivo de los introvertidos. Los extrovertidos también pueden ser tímidos.

"Los Introvertidos no Sienten Agrado por la Gente"

A los introvertidos les gusta la gente tanto como a los extrovertidos. Pero en lugar de acercarse y entablar conversación con todo el mundo, tienden a ser observadores y aproximarse con cautela. Prefieren las reuniones reducidas e íntimas por encima de los eventos sociales. Tienen pocos amigos, pero son amigos muy cercanos.

"Los Introvertidos Carecen de Habilidades Sociales"

Los Introvertidos no son inadaptados sociales, sino que suelen poseer buenas habilidades sociales. Muchas veces, incluso podemos catalogar erróneamente de extrovertidos a algunos introvertidos porque presentan una gran soltura a la hora de desenvolverse socialmente.

"Los Introvertidos Carecen de Pensamientos e Ideas"

Tener ideas y expresarlas son cosas distintas. Los introvertidos suelen tener dificultad para expresar sus ideas, pero no quiere decir que no tengan ideas excelentes. De hecho, muchos de los grandes genios de la historia de la humanidad eran introvertidos. Sus mentes son como libros cerrados; hace falta disponer de la llave adecuada para abrirlos, pero una vez abiertos, estos libros están llenos de tesoros escondidos y conocimiento inmaculado. Los introvertidos, por lo general, meditan mucho sus ideas y puntos de vista antes de expresarlos.

"Los Introvertidos Disfrutan de la Soledad"

Ciertamente, los introvertidos se sienten cómodos en soledad, aunque no siempre quieren estar y sentirse solos. Los introvertidos anhelan la intimidad tanto como los extrovertidos. No les gusta sentirse solos; no es lo mismo estar en soledad que sentirse solo.

"Los Introvertidos son Aburridos"

No es que sean aburridos, sino que tienden a cansarse mientras socializan. Saben cómo pasarlo bien en las fiestas, pero no les gustan demasiado. Los introvertidos pueden bailar, cantar, viajar, y divertirse también.

"Los Introvertidos están Deprimidos"

Los introvertidos no están deprimidos. El hecho de que aprecien la soledad no es un signo de depresión. El deseo de estar solos surge a raíz de la necesidad de restaurar su energía a través de la paz que les ofrece la soledad. Es su momento de repostar.

"Los Introvertidos son una Minoría"

Aunque es verdad que en este mundo hay más personas extrovertidas que introvertidas, estos últimos conforman alrededor de un 30-40% de la población total.

"Los Introvertidos Prefieren Escuchar a Hablar"

Los introvertidos realmente saben escuchar, pero esto no significa que no les guste hablar. Disfrutan hablando, aunque para hacerlo necesitan que se les invite previamente. Si su energía social se encuentra en niveles bajos, preferirán escuchar antes que hablar.

"Los Introvertidos Odian ser Interrumpidos"

Como cualquier otra persona, un introvertido encuentra que ser interrumpido constantemente es algo completamente descortés y frustrante. Cuando esto ocurre y el introvertido detiene su diálogo, no es que no tenga nada que decir, seguramente estará ordenando sus pensamientos.

"Los Introvertidos no Disfrutan de las Conversaciones"

A los introvertidos no les agradan las charlas banales. No les gusta entregarse a las conversaciones jocosas porque se cansan de ellas rápidamente y de la misma manera no les gusta hablar por teléfono. Desafortunadamente, los extrovertidos a menudo confunden la falta de interés en estas actividades con mala educación. Esto responde a que las reglas, etiquetas y protocolos de la socialización están diseñados por y para extrovertidos. Si bien los introvertidos intentan ser lo más educados posible, a veces se vuelve demasiado difícil.

"Los Introvertidos Eligen Sentirse Solos"

Que los introvertidos necesitan tiempo de introspección es un hecho bien conocido. Sin embargo, todavía muchas personas se ofenden cuando el introvertido demanda ese tiempo a solas. De hecho, los extrovertidos tienden a relacionar esta necesidad de tiempo a solas con los malos modales y el desagrado por las personas extrovertidas. En lugar de interpretar esa actitud como algo personal, el extrovertido debería intentar comprender la mentalidad y necesidades del introvertido.

"La Introversión se Puede Curar"

Este es un mito que perjudica seriamente al introvertido, ya que contribuye a perpetuar la falsa creencia de que la introversión es algo negativo, como una especie de enfermedad. La introversión no tiene cura porque no es ninguna enfermedad. El carácter introvertido es perfectamente natural.

"Los Introvertidos son Personas Críticas"

El hecho de que los introvertidos tienden a estar en silencio, les hace parecer personas críticas. Por su forma de ser, los introvertidos a menudo piensan y reflexionan sobre los diferentes temas antes de verbalizarlos. Algunas veces incluso sueñan despiertos mientras permanecen en silencio. El silencio no debe confundirse con una actitud crítica.

"Los Introvertidos Carecen de Emociones"

Esta afirmación es totalmente falsa. Los introvertidos sienten las mismas emociones que los extrovertidos, solo que las expresan de una forma más suave. Los sentimientos, emociones, y expresiones de los introvertidos son reservadas e inhibidas, comparadas con las de los extrovertidos. No les gusta mostrarse abiertamente a un nivel sentimental; únicamente lo hacen con sus verdaderos amigos y gente en la que confían.

Capítulo Tres: Comprendiendo a los Introvertidos

La introversión puede resultar realmente confusa, incluso para los propios introvertidos. En este capítulo analizaremos más a fondo la personalidad introvertida y varios de sus aspectos característicos.

MBTI

El MBTI o el test de personalidad de Myers-Briggs es un test basado en las teorías de Carl Jung, que divide a las personas en 16 categorías. De acuerdo con esta teoría, todos los individuos muestran determinados comportamientos que los investigadores pueden usar para categorizarlos. La gente que se incluye en categorías concretas, presenta características de dichas categorías.

Estas 16 categorías están, a su vez, divididas en categorías de introvertidos y extrovertidos. Aquí nos centraremos en los tipos de personalidad introvertida.

Tipos de Personalidad

Tal y como hemos visto en el capítulo anterior, a los introvertidos les gusta disfrutar de la soledad. Son partidarios de pensar muy bien las cosas, antes de pasar a la acción, y en muchas ocasiones se centran demasiado en las ideas y en los procesos mentales, en lugar de actuar. Debido a esto, muchos introvertidos prefieren la "idea de algo" por encima de "su realidad" en sí misma.

Echemos un vistazo a las 8 personalidades introvertidas del MBTI.

• **ISTJ**

Introversión / Emoción / Pensamiento / Juicio

Los indivíduos ISTJ son formales, fuertes, pacíficos y tranquilos. Son amantes de la vida serena. Si usted se incluye en esta categoría, probablemente sea dependiente, responsable, y minucioso. Los ISTJ son altamente prácticos y lógicos. Se enfocan en sus metas y trabajan duro para conseguirlas. Algunas veces, pueden ser bastante tradicionales; prefieren el orden al caos y por ello mantienen su entorno tan ordenado como pueden.

• **ISFJ**

Introversión / Emoción / Sensación / Juicio

Son individuos amables, tranquilos y concienzudos, además de presentar una gran responsabilidad. Se caracterizan por comprometerse y perseguir sus objetivos. Habitualmente anteponen las necesidades de otras personas a las suyas propias. Son prácticos y les gusta la estabilidad. También presentan una actitud empática y entran fácilmente en sintonía con las emociones de otras personas, a las que no dudan en ayudar.

• **INFJ**

Introversión / Intuición / Sensación / Juicio

Los INFJ son sensibles, enérgicos, y originales, pero de una forma discreta y reservada. Les encanta encontrar el significado de las conexiones entre ideas, gente y posesiones. Son sumamente curiosos, y se emplean a fondo para entender los razonamientos de otros. También se muestran firmes ante sus decisiones y valores. Poseen una gran nitidez de ideas y pensamientos. Saben cómo conseguir el bien común y son muy organizados, cualidad que les permite implementar sus nítidas ideas adecuadamente.

• INTJ

Introversión / Intuición / Pensamiento / Juicio

Los individuos que se incluyen en esta categoría se consideran analíticos, independientes, decididos, y originales. Son muy capaces de convertir las ideas en realidad. Asimismo, son capaces de analizar a fondo distintas situaciones y circunstancias, y encontrar patrones en estos. Los INTJ tienen grandes expectativas y suelen juzgarse a sí mismos de una forma tan crítica como juzgan a los demás. Poseen, a su vez, excelentes cualidades de liderazgo, aunque son perfectamente capaces de trabajar bajo el mando de otros.

• ISTP

Introversión / Emoción / Pensamiento / Percepción

Este grupo es, por lo general, reservado y tranquilo. Tienden a ser muy observadores, pues les gusta comprender el funcionamiento de las cosas que les rodean. Tienen grandes habilidades motrices, y por ello muchos muestran interés en los deportes extremos y los practican con gran maestría. Son individuos tolerantes y flexibles; en lugar de sacar conclusiones inmediatamente, analizan y reflexionan las cosas desde la distancia hasta que se forman una idea completa. Algunas personas encuentran a estas personas distantes y excesivamente prácticas, pero su practicidad les ayuda a encontrar fácilmente soluciones a problemas complejos.

• ISFP

Introversión / Emoción / Sensación / Percepción

Ser ISFP es equivalente a ser amable, tranquilo, sensible, y formal. Sienten un enorme desagrado por los conflictos y rara vez se involucran en cualquier cosa que pueda desembocar en desacuerdos. Son fieles, leales, abiertos y extremadamente flexibles. Son también, generalmente, creativos y originales. Les gusta tomarse su tiempo a la hora de trabajar en algo, y aprecian disfrutar del presente.

- **INFP**

Introversión / Intuición / Sensación / Percepción

Las personas de este grupo son enormemente fieles a sus propios valores, y se mantienen leales a las personas que admiran. Son tranquilos, reflexivos, y se les considera perfeccionistas. Tienen un sistema personal de valores muy desarrollado, y rara vez lo contradicen. Su carácter es además adaptable y relajado, aunque su naturaleza relajada desaparece de un plumazo tan pronto como sienten sus valores amenazados.

- **INTP**

Introversión / Intuición / Pensamiento / Percepción

Los INTP son considerados creativos, originales, y lógicos. Se emocionan teorizando e ideando nuevas cosas, y prefieren el conocimiento, la lógica y la competencia por encima de otros aspectos. Son reservados y les gusta permanecer tranquilos, lo que conduce a otras personas a considerarlos misteriosos. Su naturaleza de lobos solitarios hace que no disfruten liderando ni siguiendo a otros.

Habiendo visto que los introvertidos presentes en la sociedad son un grupo de los más heterogéneo, queda claro que es un gran error generalizar y reducirlos a un solo grupo. Dicho esto, muchas personas tienden a identificarse con múltiples tipos MBTI. Cada uno de los tipos, tiene sus propias fortalezas y debilidades, y ninguno de ellos es más fuerte (o más débil) que los demás.

Capítulo Cuatro: ¿Qué Siente un Introvertido?

Si está leyendo este libro, ya sea usted introvertido o extrovertido, probablemente está tratando de comprender las complejidades de la introversión. De cualquier manera, es importante comprender cómo se sienten los introvertidos habitualmente, aunque esto no es siempre fácil, incluso a ellos mismos les resulta difícil comprender sus sentimientos con frecuencia. Lidiar con las dificultades de la vida como introvertido puede ser bastante estresante.

No todo el mundo entiende lo que se siente al ser una persona introvertida. Afortunadamente, el mundo está cambiando rápidamente y la gente se ha vuelto más tolerante en las últimas décadas, pero los introvertidos todavía forman una minoría. Según algunos investigadores, solo el 30% de la población total es introvertida. De hecho, hay muchos conceptos erróneos sobre los introvertidos, incluidos muchos estereotipos y mitos que a menudo son tan descabellados, que no guardan ninguna relación con la realidad.

Por ejemplo, muchas personas creen equivocadamente que los introvertidos son solitarios y tímidos. Sienten que los introvertidos generalmente le tienen miedo a otras personas. Esto, por supuesto, es falso. Ser introvertido es como ser extrovertido, las experiencias son similares, pero se procesan de manera diferente.

Como hemos aclarado, ser introvertido no es diferente en muchos sentidos a ser extrovertido o ambivertido. Muchos introvertidos comparten los mismos pasatiempos y actividades que disfrutan los extrovertidos o ambivertidos, incluyendo fiestas y hablar con amigos, aunque existen algunas diferencias a nivel emocional entre los dos grupos. Una de las mayores diferencias entre introvertidos y extrovertidos es la percepción que tienen de la soledad.

Todos los individuos necesitan "energía social" para interactuar con los demás. Los extrovertidos son como centrales eléctricas de esa energía social porque la reciben al socializar. Pero los introvertidos no pueden hacer esto. Su energía solo se recarga cuando están solos. Por eso, ser introvertido a menudo puede resultar agotador.

Al Introvertido le Gusta estar Solo

Les encanta estar solos. Para los introvertidos, la soledad no es sinónimo de vacío, aburrimiento o sentirse solos. Por el contrario, se sienten extremadamente cómodos cuando están solos, y aprovechan estos momentos para pensar tranquilamente y reflexionar sobre las cosas. Disfrutan de las actividades en solitario como el origami, el arte, el dibujo, la lectura, etc. Los introvertidos no consideran la soledad como "tiempo de relleno", sino que para ellos la soledad es el mejor momento del día.

Desafortunadamente para un introvertido, encontrar tiempo para sí mismo en el mundo de hoy puede ser bastante difícil. Ya sabemos que encontrar momentos de tranquilidad y soledad sin interrupciones hoy en día es complicado. Si los introvertidos no tienen su "tiempo para mí", pueden volverse irritables y frustrados. Necesitan su tiempo para meditar, como los monjes, de lo contrario encuentran el mundo demasiado desbordante.

Sin embargo, aunque los introvertidos disfrutan de su soledad y les gusta pasar tiempo con ellos mismos, esto no significa que no disfruten de la compañía de otras personas. Muchos introvertidos recargan su energía social estando solos y luego usan esta energía para interactuar socialmente. Los introvertidos son, ante todo, seres humanos y los seres humanos son animales sociales. No pueden vivir sin la compañía de otros, por tanto. necesitan interactuar con otros después de su tiempo de recarga. Pero la duración de este tiempo difiere de un individuo a otro.

Introvertidos y Socialización

Los extrovertidos encuentran el "tiempo a solas" frustrante y aburrido. Algunos incluso se ponen extremadamente inquietos cuando están solos durante mucho tiempo. En oposición a esto, se sienten felices cuando están con personas y por eso intentan estar en compañía de otros tanto como les sea posible.

Para los introvertidos, socializar significa algo totalmente diferente. O no lo disfrutan tanto como los extrovertidos, o lo disfrutan, pero lo encuentran absolutamente agotador.

Ciertas actividades, lugares y situaciones son más agotadores que otros. Por ejemplo, los introvertidos encuentran más extenuante socializar entre grandes multitudes que entre pequeñas, encuentran más perturbadores los lugares ruidosos que los tranquilos, y asimismo les resulta más difícil hablar con extraños que hablar con personas que conocen.

Todas las actividades sociales desgastan a los introvertidos. Puede que lo disfruten a fondo, pero se cansarán bastante en comparación con los extrovertidos en la misma situación. No obstante, esto no significa que haya algo en ellos que no funcione bien. Es simplemente su personalidad. Si es un introvertido, sea fiel a sí mismo, y disfrute de su introversión y tiempo a solas.

Los Efectos de la Dopamina

El carácter introvertido se hereda genéticamente. Hay una diferencia significativa entre el cerebro de un introvertido y el de un extrovertido pues sus cerebros procesan la dopamina de distinta manera. La dopamina es la "recompensa" química del cerebro; es un neurotransmisor que trae la sensación de éxtasis.

Cómo Afecta la Dopamina a los Extrovertidos

Los cerebros de los extrovertidos son menos sensibles a la dopamina. Esto significa que necesitan mucha estimulación externa para sentirse felices y enérgicos. Por lo tanto, tienden a disfrutar hablando, charlando, riendo, sonriendo, bailando y pasando tiempo con la gente. Les gusta mantenerse activos y ocupados.

Los cerebros de los introvertidos son mucho más sensibles a la dopamina en comparación con los extrovertidos. Se sienten satisfechos y recompensados rápidamente. No necesitan muchos estímulos. Por ello, disfrutan de sentarse en soledad, reflexionar y pasar tiempo en silencio con sus libros. Un ambiente excesivamente ruidoso, como una gran multitud, sobre estimulará el cerebro de los introvertidos, lo que hará que se cansen rápidamente.

Los entornos ruidosos son experiencias agotadoras tanto para introvertidos como para extrovertidos, pero a los introvertidos les resulta mucho más extenuante que a los últimos. Los extrovertidos continúan disfrutando de ambientes ruidosos porque les proporciona dopamina. Por lo tanto, continúan bailando, charlando o hablando con la gente.

Capítulo Cinco: Los Introvertidos y el Tiempo a Solas

¿Por qué a los Introvertidos les Encanta estar Solos?

Si usted es introvertido, probablemente le encantará estar solo a veces. Es muy posible que prefiera sentarse solo, leer y pensar, a estar de fiesta todo el día. Seguro que prefiere disfrutar de una conversación profunda que le haga pensar antes que de una charla superficial. También prefiere pasar tiempo solo a socializar demasiado. Un *meme* sobre los introvertidos, que se ha vuelto muy popular, dice que no hay nada mejor en el mundo (para los introvertidos) que cuando sus amigos cancelan sus planes.

A los introvertidos les gusta, y de hecho necesitan tiempo a solas porque si no lo consiguen, se agotan mentalmente. Tal y como hemos comentado, recuperan su energía a través de la soledad. Si no pasan un tiempo a solas, tienden a agotarse mental y emocionalmente. Se frustran, y cada pequeño problema y molestia se vuelven gigantescos para ellos. Dejan de funcionar correctamente, su mente sufre e incluso cualquier leve molestia puede hacer que se enojen inmensamente o se pongan tristes. Si la situación continúa, es posible que se agoten físicamente o incluso se enfermen.

Todo lo arriba citado son situaciones que ocurren cotidianamente en la vida de los introvertidos en todo el mundo, y suceden no porque los introvertidos sean intrínsecamente irascibles y malvados. Hay muchas razones científicas detrás de cómo actúan y se comportan las personas. La dopamina juega un papel esencial en las decisiones que tomamos y cómo nos desenvolvemos en nuestro día a día.

Introvertidos, Extrovertidos, y Recompensas

Las personas hacemos cosas para que el cerebro pueda obtener suficiente dopamina o, mejor aún, pueda obtener grandes cantidades de dopamina. Como comentamos anteriormente, los extrovertidos necesitan mucha dopamina para sentir satisfacción y felicidad, mientras que los cerebros de los introvertidos se sacian con pequeñas cantidades de la misma. Por eso, muchas veces, las recompensas que pueden motivar y emocionar a los extrovertidos, pueden cansarlos.

- ## Los Introvertidos no Necesitan Tanta Estimulación

Todo esto se puede reducir al simple hecho de que los introvertidos no requieren mucha estimulación para sentirse recompensados. El nivel de estimulación que disfrutan los extrovertidos suele ser demasiado para los introvertidos. Por ejemplo, a los extrovertidos les encantan las fiestas porque implican mucha estimulación, como mucha gente hablando, el caos, la música fuerte, las luces, la multitud, el alcohol, etc. Para ellos, esto es el paraíso, pero para los introvertidos no es ninguna maravilla. Esto se debe a que los cerebros de los introvertidos se sobreestimulan y les resulta difícil concentrarse en lugares así. Si usted es un introvertido y se encuentra a sí mismo atrapado en una fiesta como esta, es mejor escapar, volver a casa y disfrutar de una cena sencilla mientras ve la televisión. Le ayudará a reducir la sobre estimulación y le hará sentir tranquilo y feliz de nuevo.

- **La Diferencia Marcada por la Dopamina**

En el capítulo anterior vimos cómo a los introvertidos no les importan las recompensas sociales tanto como a los extrovertidos. Esto se debe a su tolerancia a un neurotransmisor llamado dopamina. La dopamina está presente en nuestro cerebro y, a menudo, se la conoce como la "sustancia química de la recompensa" o del "bienestar", ya que es responsable de los centros de recompensa y placer del cerebro.

Mucha gente cree que socializar es agotador para los introvertidos únicamente, pero esto no es cierto. Los extrovertidos también se sienten exhaustos después de mucha socialización. La dopamina puede ayudar a reducir este estrés; lo que hace diferentes a los introvertidos y extrovertidos es que la dopamina ayuda mucho a los extrovertidos mientras socializan porque les da un impulso de energía. Los extrovertidos nacen con un sistema de dopamina activo. Los introvertidos, sin embargo, no cuentan con un sistema fuerte de dopamina y se sienten cansados mental y físicamente después de socializar.

Los Extrovertidos y la Gente

Otro motivo por el cual los extrovertidos prefieren rodearse de gente más que los introvertidos, es porque les dan mucha importancia a las personas. Según un estudio reciente, los individuos de carácter extrovertido se sienten muy estimulados cuando ven y conocen gente nueva. Los introvertidos, por otro lado, prestan más atención a los objetos inanimados.

Capítulo Seis: El Mito de la Zona de Confort

Se suele decir que, si una persona quiere triunfar en la vida, necesita aventurarse fuera de su zona de confort. Aunque la mayoría de las veces, únicamente los introvertidos reciben este consejo. Y el mensaje que realmente esconde dicho consejo es "Trata de ser más extrovertido si quieres tener éxito". Por ello, aunque "zona de confort" suena significativo e importante, es un término lastrado y problemático a menudo.

Debido a la prevalencia de esta afirmación, muchos introvertidos intentan "salir de su caparazón". Se esfuerzan por salir de su "zona de confort", y esto no solo es una tarea difícil (quizás imposible), sino que también es una experiencia traumática y dolorosa. Casi nadie tiene éxito al hacer esto porque un introvertido no puede convertirse en extrovertido, ni viceversa. Lo único que puede hacer un introvertido es convertirse en un falso extrovertido, pero es una decisión insostenible que pasa factura.

Si usted, siendo introvertido, intenta salir de su "zona de confort", empezará a copiar a los extrovertidos que le rodean. Cada persona y cada tipo de personalidad nace con ciertos talentos. Por ejemplo, los introvertidos nacen con buenas habilidades de escucha y observación, piensan y analizan cosas antes de tomar decisiones. El problema es que cuando un introvertido intenta salir de su "zona de confort", comienza a renunciar a estas habilidades y las reemplaza por características pseudo extrovertidas. Pero adoptar los talentos de otro tipo de personalidad no es sencillo. No puede simplemente asumir esas habilidades y esperar lo mejor; incluso puede perder sus propios talentos al intentar obtener estos nuevos. En última instancia, es mucho mejor aprovechar sus puntos fuertes en lugar de intentar cambiar su personalidad.

¿Qué es una Zona de Confort?

Como ya se ha mencionado, la zona de confort es un término cargado con muchos significados y definiciones. En palabras simples, la zona de confort incluye situaciones, personas, conjuntos de habilidades y lugares en los que alguien se siente cómodo, competente y seguro. Básicamente, incluye todas las circunstancias que le resultan agradables. El borde de la zona de confort es un lugar confuso, es como tener un pie en la "zona incómoda" y un pie en la "zona cómoda". Por lo general, encontramos esta zona más compleja y desafiante que la zona de confort. Aunque en ella es posible manejar situaciones sin demasiada ansiedad y otros problemas similares, es mucho más difícil que hacerlo en la zona de confort. Todo lo que esté más allá de este límite se considera "fuera de su zona de confort".

Pero esta es una comprensión parcial del concepto porque las situaciones que requieren mucha conversación, acciones e interacciones sólidas son la zona de confort de los extrovertidos. Como se explicó en el capítulo anterior, los cerebros de los extrovertidos y los introvertidos manejan la dopamina de manera diferente. Los extrovertidos se sienten cómodos y felices cuando les rodean cosas emocionantes. Están conectados así. Les gusta saltar a la acción de inmediato. No se cansan de conocer gente nueva y disfrutan del ajetreo y el bullicio del mundo. Es por eso que los extrovertidos se sienten cómodos cuando acuden a grandes reuniones, fiestas y convenciones. Como la mayoría de personas en este mundo son extrovertidas, las convenciones sociales están diseñadas para adaptarse a ellas. Por lo tanto, los introvertidos se ven obligados a salir de su zona de confort y entrar en las zonas de confort de los extrovertidos. Esta es una situación discriminatoria porque los introvertidos nunca lograrán abordar estos entornos, siempre serán los forasteros en las zonas de confort de otros.

Zona Complaciente

Cuando se les dice a los introvertidos (y también a los extrovertidos) que salgan de su zona de confort, en realidad nos referimos a la zona de complacencia. Esta zona es diferente de la archiconocida "zona de confort", y sería beneficioso que todos comenzáramos a utilizar esta terminología, en lugar de hablar "zona de confort", ya que este último término tiene en la actualidad muchas connotaciones negativas.

Todos debemos salir de la zona de complacencia si queremos tener éxito. Esta es la zona en la que tendemos a buscar refugio, lejos de los problemas del mundo. La zona de complacencia nos permite mantener un falso status quo, ayudándonos a sentirnos seguros, pero esta seguridad obstaculiza el progreso. No podemos crecer si no nos arriesgamos y permanecemos escondidos en nuestro lugar seguro la mayor parte del tiempo. Mantenernos en esta zona solo nos proporciona una falsa sensación de seguridad y protección que en último término conduce al fracaso y al estancamiento. No tomar riesgos nos conduce a quedar atrapados en un lugar o una posición, sin posibilidad de desarrollarnos.

Cuando una persona se encuentra en la zona de complacencia, intentará aludir a una variedad de razones y excusas para justificar su presencia ahí. Si usted desea tener éxito, debe comenzar a escuchar su voz interior y dejar de inventar excusas para no abandonar la zona de complacencia porque puede que sea el momento de hacer algunos cambios.

Trabajar desde la Zona de Confort

Casi todos los extrovertidos trabajan desde su zona de confort, mientras que los introvertidos a menudo se ven obligados a salir de la suya. Sacar a un cangrejo de su caparazón, lo mata; sacar a un introvertido de su zona de confort obstaculiza significativamente sus habilidades. Una vez que el introvertido comprenda que puede rendir al máximo mientras se encuentra en su zona de confort, no querrá salir de ella. Esto es excelente porque dicha zona le permite ser libre, emocional, creativo y entusiasta.

Pero recuerde, no confunda su zona de confort con su zona de complacencia. Necesita salir de su zona de complacencia, pero permanecer en su zona de confort. Esto le ayudará a avanzar en su vida personal y profesional.

Capítulo Siete: Los Introvertidos y la Salud Mental

Problemas Psíquicos que Pueden Enfrentar los Introvertidos y los Extrovertidos

La salud mental es un tema complejo. Ya se trate de un introvertido o extrovertido, estos problemas pueden afectar a cualquiera. Ambos tipos de personalidad deben prestar mucha atención a su salud mental.

Como se dijo en el capítulo anterior, los introvertidos a menudo se consideran tímidos porque les gusta la soledad y pasar tiempo con ellos mismos, y este aislamiento excesivo puede conducir al desarrollo de muchos problemas. La reclusión excesiva es un signo de depresión y muchos otros trastornos.

A los extrovertidos, por contra, les gusta pasar mucho tiempo rodeados de personas generalmente, pero una sobredosis de esto puede convertir a un individuo en una persona excesivamente pegajosa. Ambos tipos de personalidad enfrentan sus propios problemas.

Los introvertidos, especialmente, deben prestar atención, ya que a menudo pueden aislarse demasiado. Hay una gran diferencia entre la soledad y volverse solitario. Si se aísla constantemente de otras personas, puede provocar el desarrollo de diversas enfermedades y trastornos mentales como la ansiedad social y la depresión. De hecho, el aislamiento excesivo es un potente síntoma de depresión. Si siente que le gusta demasiado el aislamiento, debe reflexionar si su necesidad es el resultado de una falta de energía o tiene alguna otra causa subyacente grave. Otros trastornos mentales graves que pueden conducir a (y surgir de) un aislamiento excesivo incluyen adicciones, problemas de personalidad y trastornos alimenticios. Una persona introvertida debe tener en todo momento un sólido sistema de apoyo compuesto por personas en las que pueda confiar. Si usted es un introvertido al que le gusta mucho la soledad, hable con sus amigos e intente formar un grupo que pueda hacerle un seguimiento. Si no tiene amigos cercanos con los que pueda compartir sus emociones y pensamientos vulnerables, plantéese encontrar algunos.

También es primordial establecer si usted es realmente introvertido o no. A veces, las personas confunden la introversión con trastornos sociales y relacionados con la ansiedad.

Una evaluación personal es fundamental para evitar problemas en este ámbito. Si cree que su malestar es el resultado de la ansiedad social, es recomendable que contacte con un terapeuta o un profesional de la salud mental lo antes posible.

Si bien el aislamiento es el principal problema relacionado con la introversión, pueden aparecer muchos otros. Como norma general, los introvertidos son más susceptibles a la depresión que los extrovertidos. Los estudios neurológicos han demostrado que la actividad cerebral de los primeros es más fuerte e intensa que la de los extrovertidos, y es por eso que los introvertidos no necesitan tantos estímulos. Tener un cerebro activo es algo genial porque permite a los introvertidos ser creativos, reflexivos e innovadores, pero un cerebro hiperactivo puede provocar otros problemas. Por ejemplo, si tiene un cerebro hiperactivo, tenderá a pensar demasiado, dejándole abrumado. También es malo para las personas que tienden a emocionarse demasiado. Pensar demasiado es especialmente malo si se obsesiona con ideas y pensamientos negativos. Este problema se agrava aún más cuando la persona está sola y elige vivir aislada. El aislamiento reprime las emociones de dolor y desesperación, y esta represión da como resultado el desarrollo de sentimientos tales como desesperanza, vergüenza, culpa, impotencia e inutilidad. Sentimientos que actúan como una puerta de entrada a problemas de salud mental más graves.

En última instancia, no hay nada de malo en ser extrovertido o introvertido. Ambos tienen sus características particulares, y ambos tienen sus pros y sus contras. Para muestra, ambos tipos de personalidad comparten los mismos problemas de salud mental, los cuales nunca deben tomarse como un signo de debilidad. Los trastornos mentales son como cualquier otra enfermedad, solo es necesario prestar atención a los síntomas. Si cree que tiene síntomas de algún trastorno de salud mental, se recomienda que se comunique con un profesional de la salud lo antes posible.

¿Por qué los Introvertidos Deberían Tener un Plan de Salud Mental?

A los introvertidos les encanta la tranquilidad. Siempre que se encuentran en soledad tienden a ser más productivos y confiables. De hecho, tienden a tener ideas brillantes cuando se quedan solos. Pueden lograr muchas cosas si se les permite tener su tiempo, silencio y espacio, aunque la soledad también puede ser una maldición. Si los introvertidos pasan mucho tiempo en soledad, sus mentes pueden tomar el control y comenzar a experimentar pensamientos negativos, lo que puede conducir al desarrollo de varios problemas psicológicos. Muchas veces, se sienten agobiados porque no pueden dominar estos problemas y sus ideas negativas. En adición, la creatividad típica de los introvertidos intensifica el problema.

Este fenómeno, que presentan gran cantidad de introvertidos en todo el mundo, puede incluso conducir al desarrollo de una crisis mental bastante difícil de manejar. Teniendo esto en cuenta, existen ciertas precauciones que un introvertido debería tomar. Si usted, como introvertido, no tiene un plan de salud mental, podría terminar en una sala psiquiátrica. A continuación, vamos a ver por qué es tan importante tener un plan adecuado.

- **Los Introvertidos y la Importancia de un Plan de Salud Mental**

La importancia de que los introvertidos cuenten con un plan de emergencia de salud mental radica en el riesgo que estos presentan de enfrentar, en un momento dado, una crisis de salud mental. En 2010, dos investigadores, Laurie Helgoe y Nancy Ancowitz, publicaron un artículo que sugería que la Asociación Americana de Psicología debería incluir la introversión como un factor significativo en el diagnóstico de los trastornos de la personalidad. Los introvertidos pasan mucho tiempo pensando; si los pensamientos son positivos, no tiene la menor importancia, pero si su mente está llena de pensamientos negativos, puede sobrepasarlos. Pueden volverse antisociales, y hasta pueden convertirse en personas agorafóbicas, en los casos más extremos. Estos problemas, y muchos otros problemas relacionados, pueden conducir al desarrollo de crisis psíquicas. Por este motivo, deben estar al tanto de los signos y síntomas de los trastornos mentales más comunes por su propio bien. Además de conocer estos síntomas, también es recomendable que dispongan de un plan de acción que pueda ayudar a abordar las emergencias de salud mental, llegado el caso.

- **Los Servicios Psiquiátricos de Urgencia de EE. UU. y el Ruido**

Los servicios psiquiátricos disponibles en los Estados Unidos no están adaptados a las necesidades de los introvertidos, ya que estos servicios rara vez son privados o tranquilos. Ya hemos hablado de que los introvertidos requieren dosis de paz y aislamiento todos los días y por ende, un lugar ruidoso y excesivamente público como ese puede agravar sus síntomas. En lugar de ayudar, estos servicios a menudo pueden empeorar los problemas.

Debido a eso, tristemente, muchas personas se niegan a recibir ayuda para sus problemas, ya que les preocupa el entorno en el que tendrán que desenvolverse. Por suerte, existen varias alternativas que pueden ayudar a los introvertidos a recibir el tratamiento necesario, sin tener que pasar por ningún trance. Por ejemplo, si el problema no es demasiado grave, puede abandonar el lugar después de pasar la noche. Si configura estas cosas antes de que surja el problema, tendrá todo planeado y no quedará a merced del personal de urgencias. Algunos nuevos servicios psiquiátricos tienen en cuenta las necesidades y los requisitos de las personas con este carácter, y tratan de proporcionarles un ambiente agradable y cómodo. Intente localizar un servicio como este, y si no puede encontrar uno, utilice la opción "pernoctar".

• Los Introvertidos y su Reducido Círculo Social

Una de las mayores diferencias entre introvertidos y extrovertidos es su círculo social. Los extrovertidos tienden a tener un gran círculo social. De modo que, si alguna vez surge una emergencia o un problema serio, cuentan con muchos amigos que pueden ayudarlos, y sus amigos llamarán, a su vez, a otras personas para que los ayuden.

Esto no es factible en el caso de los introvertidos. Estos últimos, generalmente, tienen un círculo social reducido. No tienen muchos amigos, aunque, si bien la cantidad de relaciones es pequeña, la calidad es excepcionalmente buena. Esto se debe a que los introvertidos tienden a pasar mucho tiempo con las mismas personas, lo que resulta en el desarrollo de relaciones, apegos y conexiones más fuertes. Por eso, es tan necesario que sus amigos sean conscientes de sus problemas. Debe elegir cuidadosamente sus contactos para, en caso de necesitarlos, tener la seguridad de que acudirán en su ayuda. Si se encuentra en una situación de emergencia de salud mental, se sentirá confundido y no sabrá muy bien qué hacer. Por lo tanto, se recomienda que informe a sus amigos de su problema de antemano para que, si surge una emergencia, tengan el control de la situación.

• Los Introvertidos y su Tendencia a Ignorar Problemas de Salud

Es *vox populi* que los introvertidos son individuos reservados, a los que no les gusta hablar mucho de sí mismos. Les encanta que los dejen a su suerte, razón por la cual muchos de ellos evitan ir al médico con regularidad. Esto se debe, fundamentalmente, a que los médicos suelen hacer muchas preguntas a los pacientes, y a los introvertidos no les gusta especialmente responder preguntas sobre su vida personal, sobre todo si ven motivo para ello. Pero así es como trabajan los médicos. Es por esto que debe someterse a un chequeo mental y físico regularmente, para evitar enfermedades y trastornos inesperados. Un chequeo de salud mental cada cierto tiempo le ayudará a evitar un ataque de ansiedad repentino o al menos lo mantendrá preparado para uno.

• Prevenir los Ataques

Si usted es introvertido, ya estará al tanto de que es natural sentirse abrumado de vez en cuando. Al igual, puede sentir a veces que sus emociones lo están frenando. Pero esto no significa que no pueda vivir una vida sana y plena. Los introvertidos a menudo se sienten perdidos, especialmente en casos como ataques de ansiedad y ataques de pánico. Si bien no es el caso de todos los introvertidos, todos deberían contar con un plan para mantener las cosas bajo control. El fin de elaborar este plan es ayudar a prevenir un ataque de pánico o ansiedad en toda regla. Recuerde que el conocimiento es poder.

Si siente que puede ser víctima de un problema de salud mental en el futuro, debe estar alerta en todo momento. Cuidarse a sí mismo y cuidar de su salud mental es clave para sentirse bien. Echemos un vistazo a algunos consejos que pueden ayudarlo a mantener su mente sana y ágil.

Ayuda Profesional

Es algo habitual y cotidiano visitar un dentista o un médico de cabecera para chequeos regulares; de igual modo, debe adquirir el hábito de visitar a un profesional de la salud mental para que lo revisen de vez en cuando. Es cierto que esto es un asunto costoso, pero si el dinero no es un problema para usted, no dude en encontrar un psiquiatra o psicólogo decente que pueda ayudarlo inmensamente.

Si, en caso contrario, el dinero es un problema, compruebe si su seguro cubre a los profesionales de la salud mental. Esto le permitirá obtener ayuda de forma económica.

En el caso de no cubrir su seguro la salud mental, intente buscar otras opciones, como asistencia pública.

Si alguna vez se siente inclinado a hacerse daño, llame al 911 en los EE. UU. (999 en el Reino Unido) lo antes posible. Recuerde, su vida es más importante que el dinero.

Aprenda a Conocerse a Sí Mismo

A los introvertidos les encanta la reclusión y pasan mucho tiempo solos. Por eso, cuando algo en ellos anda mal, las personas que los rodean rara vez lo notan. Si usted tiende a pasar mucho tiempo solo, necesita conocerse a sí mismo. Esto significa que debe poder entenderse y comprender sus patrones generales de comportamiento. Si alguna vez comienza a actuar de manera diferente, notará el cambio rápidamente.

Casos Urgentes y no Urgentes

Debe tener un plan adecuado en relación a casos urgentes y no urgentes. Es importante que sepa dónde ir o con quién reunirse si surgen situaciones complicadas. Por ejemplo, si tiene una emergencia de salud mental, es posible que le resulte difícil pensar con claridad, así que decida de antemano con qué amigo o amigos deberá comunicarse lo antes posible en tales casos. Hacer frente a un escenario desafortunado puede ser más fácil si tiene un buen plan preparado.

Elaborar un plan de salud mental requiere mucho tiempo y esfuerzo, pero al final, vale la pena. En lugar de perder mucho tiempo y dinero más tarde, es mejor esforzarse ahora.

Atención

Las sugerencias que se dan en este capítulo son de precaución. No debe tomarlas como recomendaciones médicas en ningún caso. Siempre debe hablar con un profesional de la salud antes de cambiar drásticamente su rutina. Y no se automedique.

Capítulo Ocho: 15 Formas de Incrementar la Felicidad

Si se siente mal debido a su carácter introvertido, no se preocupe, no está solo. Muchos introvertidos desearían poder parecerse más a sus compañeros extrovertidos. Estos tienen la suerte de no sentirse mental y físicamente agotados después de reunirse o socializar con otros.

Pero, como ya sabe, la introversión es perfectamente natural; no hay nada de malo en ser introvertido. El único problema que puede enfrentar con frecuencia es cómo ser feliz en un mundo diseñado para extrovertidos, pero no desespere porque este capítulo contiene excelentes sugerencias que pueden ayudarlo a mantener una actitud alegre.

El Tiempo para Sí Mismo es Fundamental

Los introvertidos necesitan mucho tiempo para recuperarse después de asistir a eventos y fiestas con mucha gente, así como para recuperarse después de hacer cosas ordinarias como ir de compras a un lugar concurrido, mantener una discusión acalorada o tener un día estresante en el trabajo. Después de tales situaciones, un introvertido requiere tiempo para pensar y recuperarse. Este tiempo de relajación es necesario, ya que les permite calmarse y relajarse. Si una persona introvertida no tiene su "tiempo para mí", se siente cansada, sufre malestar y su cerebro no rinde bien.

Conversaciones Interesantes

A los introvertidos les traen sin cuidado las conversaciones sin trasfondo y se sienten incómodos cuando alguien intenta charlar con ellos. Muchos aprenden el arte de la conversación trivial, no obstante, lo practican con una leve incomodidad. A la mayoría no les gusta hablar, pero si usted es uno de los que sí, trate de encontrar compañeros con los que pueda tener conversaciones significativas. Las conversaciones llenas de contenido interesante para usted lo mantendrán feliz y satisfecho.

Ahondando en esta idea, tener conversaciones significativas no es sinónimo de hacerse preguntas de introspección todo el tiempo. A veces puede tener ganas de hablar de cosas al azar, como lo que hizo su pareja durante el fin de semana. Pero no les dé demasiada importancia a las conversaciones triviales, céntrese en que necesita una conversación profunda de vez en cuando para mantenerse a flote.

El Silencio en Compañía

Aunque este punto no sea tan importante como los anteriores, es necesario tenerlo en cuenta. Como introvertido, necesita un poco de tiempo para usted de vez en cuando, pero si se siente cómodo con una persona, puede disfrutar sentado junto a ella sin decir nada. A los introvertidos no les importa si hay muchas pausas en una conversación, el silencio es oro para ellos.

Aficiones e Intereses

El introvertido, por lo general, tiene varios *hobbies*. Muchos de ellos tienen gran interés por la jardinería, la lectura, la cocina, la pintura, la escritura, la mitología, etc. Habitualmente les gusta profundizar en aquello por lo que muestran interés, y estas aficiones son una forma ideal de recargar su energía.

Un Lugar Tranquilo

Les agrada tener un espacio de paz dedicado a sí mismos, como una especie de santuario. No solo les agrada, sino que necesitan este espacio para alejarse del bullicio cotidiano. Si usted tiene la suerte de contar con un espacio así en su hogar, decórelo a su antojo. En este lugar usted debe sentirse cómodo y contento. Cerciórese también de no sufrir demasiadas interrupciones cuando se encuentre en él.

Tiempo para Pensar

Los introvertidos necesitan tiempo para pensar. Según el Dr. Laney, usan su memoria a largo plazo más que su memoria de trabajo. Esto es lo opuesto a los extrovertidos. A muchos introvertidos les resulta difícil expresarse porque necesitan algo de tiempo para pensar en lo que van a decir, antes de expresarlo. Si no se les permite pensar en las cosas antes de hablar, pueden sentirse incómodos.

Amigos Comprensivos

A las personas introvertidas no les disgusta socializar, pero necesitan hacerlo a su ritmo. Adoran a sus amistades, sobre todo a aquellos amigos con los que pueden ser ellos mismos.

Trabajo

En lugar de trabajar solo por dinero, los introvertidos siempre preferirán un trabajo que puedan disfrutar. Un introvertido rara vez se contenta con algo que no le satisfaga intelectualmente. Anhelan trabajar, y dar un propósito a sus vidas. Por lo general, no quieren un trabajo que, aunque esté bien pagado, no les proporcione esa realización personal.

Permiso para Permanecer en Silencio

Los introvertidos prefieren permanecer en silencio en lugar de hablar. Seguramente se haya encontrado en esta situación alguna vez; no quiere interactuar con alguien porque simplemente no tiene la energía para hacerlo. Pero la gente rara vez deja que los introvertidos sean ellos mismos. Si usted tiene amigos comprensivos, aceptarán que necesita guardar silencio de vez en cuando.

Independencia

A los introvertidos les gusta ser independientes y únicos. Prefieren hacer las cosas en sus propios términos, y se sienten más felices y satisfechos cuando se les permite trabajar a su ritmo. Tienen un gran sentido de la independencia y la autosuficiencia.

La Vida Sencilla

Una persona introvertida tiende a llevar una vida sencilla. Les gustan las situaciones en las que pueden cuidar de los demás porque necesitan otorgar un sentido y un propósito a su existencia.

Amigos y Seres Queridos

Todos necesitamos personas que nos entiendan y nos acepten a pesar de nuestras debilidades y peculiaridades. A los introvertidos no les gusta ser el centro de atención, por eso no se sienten cómodos en grupos grandes. Muchas veces, desaparecen entre las grandes multitudes porque les gusta esconderse en un rincón. Ellos no anhelan más que tener algunos buenos amigos que los comprendan y se preocupen por ellos. Los introvertidos saben que a veces puede ser difícil "asimilarlos", pero si sus amigos entienden esto y aun así les brindan su amistad incondicional, les harán las personas más felices del mundo.

Sea Consciente de Todo su Ser

Vale la pena repetir que nadie es totalmente introvertido o extrovertido. La personalidad es de amplio espectro y todo el mundo tiene algunas características tanto de introversión como de extroversión. Las personas que son totalmente (o en gran medida) introvertidas o extrovertidas son una minoría. La mayoría se ubica en algún lugar hacia el medio de este espectro. Dicha afirmación se traduce en que a las personas les gusta socializar a veces y, otras veces, tienden a evitar las multitudes y prefieren estar a solas. Cuando alguien se encuentra muy cerca del medio de este espectro, se le conoce como ambivertido.

Todos nacemos con la capacidad de "recargarnos" a nosotros mismos a través de reuniones sociales e interacciones; asimismo todo el mundo tiene cierta tendencia a recargar su energía a través de la soledad y la serenidad. Por tanto, es necesario ser lo más honesto posible con nosotros mismos. Si siente que le apetece sentarse solo y no hablar con nadie, hágalo. Si quiere salir y hablar con un amigo o ir a una fiesta, hágalo. A fin de cuentas, debe hacer lo que le haga sentirse feliz.

Acepte sus Fortalezas

Cada tipo de personalidad nace con sus propias fortalezas únicas. El comportamiento introvertido tiene muchos aspectos positivos. Por ejemplo, suelen ser excelentes a la hora de resolver problemas y pensar, suelen comportarse bien y realizar bien las tareas. Por lo general, están dotados académicamente. Les gusta correr riesgos, aunque normalmente solo toman aquellos que no son contraproducentes.

Según las investigaciones, los introvertidos tienen mucha materia gris en su corteza prefrontal. Esta área está presente en la parte frontal del cerebro, controla cosas como el pensamiento abstracto, las emociones complejas y la toma de decisiones. Es por esto que los introvertidos poseen una gran capacidad de pensamiento.

En muchas escuelas de pensamiento teológicas, filosóficas y clásicas, se dice que la verdadera felicidad deriva de pasar tiempo a solas en contemplación. Los pensadores antiguos, desde Buda hasta Aristóteles, popularizaron esta noción. Los introvertidos ya están bendecidos con una inclinación hacia este comportamiento, porque tienden a encontrar consuelo en la soledad de forma natural. En lugar de ocultar sus características introvertidas, acéptelas y celébrelas.

Representar el Papel

Según estudios científicos, cuando los introvertidos se encuentran cara a cara con los extrovertidos, tienden a controlar su comportamiento y tratan de actuar como extrovertidos. El motivo se debe a la presión social que sienten para parecer positivos y tolerantes. Aunque en realidad esta experiencia es bastante incómoda para el introvertido, que siente que necesita fingir cosas y estar alerta en todo momento. Estas mismas investigaciones indican que, si los introvertidos actúan como ellos mismos sin ninguna presión para ser alguien que no son, pueden ser más felices. (Esto obviamente se aplica a todos los grupos de personalidad).

Los citados son algunos de los métodos que pueden ayudarle a ser feliz y mantenerse positivo como introvertido. Puede probarlos usted mismo y adoptar los que más le funcionen.

Capítulo Nueve: Conquistando los Miedos y las Fobias de los Introvertidos

Uno de los mayores problemas que debe enfrentar un introvertido es tener que lidiar con el miedo y el nerviosismo. Según ciertas investigaciones, un cerebro introvertido generalmente trata de encontrar seguridad y protección, por lo que incluso los peligros más pequeños pueden provocar que su cerebro se hiperactive. Los cerebros introvertidos son más sensibles a los sentimientos fuertes, ya que se concentran más en las sensaciones internas. Es por eso que sus miedos los sienten muy profundamente.

Mucha gente piensa que el miedo es malo y que es una sensación negativa, pero esto no es cierto; no es inherentemente negativo. Como todo sentimiento, es una reacción a la estimulación recibida del mundo exterior o del funcionamiento interior. El problema con el miedo comienza cuando dejamos que se vuelva excesivo. Cuando una persona empieza a obsesionarse con el miedo, generalmente permite que interfiera con tus tareas cruciales. Esta es la razón por la cual, los introvertidos a menudo se congelan mientras socializan.

En opinión de algunos investigadores, los seres humanos nacen con solo dos miedos: la oscuridad y los ruidos fuertes. Todas las demás fobias y miedos que tendemos a tener son desarrollos posteriores. Nadie está libre de miedo; todo el mundo tiene miedo de algo. Muchos introvertidos son tímidos y socialmente ansiosos; estas son dos formas de miedo. Si usted sufre estos miedos, este capítulo le ayudará a superarlos. Echemos un vistazo a algunos consejos y métodos que se pueden utilizar para combatir el miedo.

Charlar

Hay muy pocos introvertidos en este mundo a los que les guste la charla trivial; la mayoría se sienten incómodos hablando de cosas superficiales. Los introvertidos generalmente odian las conversaciones ociosas porque las creen inútiles, por lo que tienden a ponerse nerviosos y comienzan a inquietarse cuando se ven envueltos en alguna.

Muchos intentan disfrutar de las charlas planificándolas extensamente en sus mentes de forma previa, pero cuando llega el momento e intentan expresarse, se les seca la boca y se les queda la mente en blanco. A los introvertidos no les importa conversar como concepto; de hecho, a muchos introvertidos les encanta hablar de cosas que realmente importan o de las cosas que les parecen interesantes. Muchas veces prefieren los chats que les ayudan a conectar con la situación o la persona de una manera más profunda.

Si usted es un introvertido al que le suelen llamar "tranquilo" o "reservado", no es porque sea tímido, sino porque usted no encuentra interesante la charla trivial. Para usted carece de importancia y seguramente preferiría usar su energía en algún otro esfuerzo, en lugar de desperdiciarla en una charla irrelevante.

Conocer Gente Nueva

Habitualmente, los introvertidos se sienten angustiados y nerviosos cuando se encuentran e interactúan con extraños. Conocer gente nueva es una excelente manera de hacer nuevos contactos, pero puede ser una situación estresante para los introvertidos. Ellos normalmente encuentran las etapas iniciales de cualquier relación (no solo las románticas) bastante difíciles.

Los introvertidos se sienten especialmente incómodos en grupos grandes de gente, y les resulta difícil hablar con alguien mientras están entre una multitud. Si se siente nervioso por presentarse a alguien, no se preocupe; solo trate de relajarse. Si prefiere conocer a las personas e interactuar con ellas una a una, no se preocupe; no es el único. Muchos introvertidos prefieren las conversaciones privadas a las interacciones abiertas. Por ello, no es de extrañar que muchos encuentren difícil comenzar nuevos trabajos.

Grandes Multitudes

Los introvertidos tratan concienzudamente de evitar los espacios muy concurridos de gente, sin embargo, esto no siempre es posible. Si usted tiene miedo de interaccionar con extraños, es probable que también les tenga miedo a las grandes multitudes. Una avalancha de extraños puede ser particularmente conflictiva para los introvertidos que sufren problemas de ansiedad. Como ya mencionamos anteriormente, los introvertidos generalmente obtienen energía social y personal de la soledad; las multitudes agotan esa energía rápidamente. Por este motivo prefieren hablar y socializar en grupos pequeños. Cuando usted se encuentre atrapado en una multitud, trate de rodearse de sus amigos. De esta manera, se sentirá un poco más cómodo y podrá prevenir un ataque de pánico.

Hablar por Teléfono

Si siente que no le gusta hablar por teléfono y se pone nervioso cada vez que debe atender una llamada, no se preocupe; no es inusual. De hecho, este problema es tan común que existe un término adecuado para él, llamado "telefonofobia". A algunos introvertidos no les gustan las llamadas telefónicas en general, mientras que a otros solo les resultan problemáticas las llamadas de extraños. Algunos no encuentran molesto recibir llamadas, pero se ponen muy nerviosos cuando son ellos mismos los que deben iniciarla. Asimismo, ciertos introvertidos tienden a evitar las llamadas de números desconocidos.

No hay ninguna razón en particular por la que usted pueda encontrar las llamadas telefónicas difíciles y angustiantes. Algunos creen que esto puede deberse a la imposibilidad de ver a la persona con la que mantiene la conversación al teléfono, privándole de la capacidad de estudiar su lenguaje corporal. Esta disociación entre la voz y el cuerpo puede resultar bastante inquietante para muchos. Los introvertidos son bien conocidos por sus habilidades de observación, por lo que cuando se ven obligados a hablar por teléfono, no pueden hacer uso de esa habilidad; esto puede hacerlos entrar en pánico.

Actividades Sociales de Gran Duración

A menudo los introvertidos se ven forzados a asistir a fiestas y eventos sociales. Es habitual que las personas intenten convencerlos para ir, prometiéndoles que será divertido. "Diversión" es un término subjetivo que cambia de significado de un individuo a otro. Por lo tanto, lo que es divertido para un extrovertido puede no serlo para un introvertido. De hecho, el introvertido puede ser lo opuesto a la diversión.

A los introvertidos les encanta pasar un buen rato con sus amigos, pero prefieren hacerlo a su forma. No les gusta perder el tiempo en las fiestas, especialmente si son fiestas largas y de gran duración. Estas fiestas son aburridas para ellos y pueden ser bastante estresantes. Si usted no disfruta de estas actividades, es mejor que hable con sus amigos sobre su punto de vista. Si estos le aprecian de verdad, intentarán comprender su problema.

El Bochorno

La introversión, decididamente, tiene mucho que ver con el miedo a la humillación. Los introvertidos generalmente pasan mucho tiempo escuchando y observando. Por lo general, tienden a evitar a otras personas porque no desean ser vistos haciendo algo que la gente juzgará negativamente. Las personas introvertidas también suelen ser muy intuitivas; dicha intuición les hace pensar en muchos escenarios sobre el futuro y cosas que pueden suceder o no. Muchas veces, esta especulación propicia que los introvertidos den un paso atrás y eviten la situación por completo. De hecho, en muchas ocasiones, los introvertidos tienden a pensar en el peor de los casos. Si bien la intuición es una gran cualidad, es mejor estar preparado para evitar contratiempos. Si usted se siente avergonzado con facilidad, es mejor evitar situaciones que puedan resultar humillantes. Trate de no llamar mucho la atención. Pero si lo que quiere es vencer este miedo, la mejor manera es que deje de preocuparse. Por supuesto que puede ser bastante difícil al principio, pero con suficiente tiempo y práctica, comenzará a dejar de sentir vergüenza porque dejará de preocuparle lo que otras personas piensen y sientan.

Nunca deje que otras personas le juzguen por ser introvertido o introvertida. Es algo totalmente natural; debe aceptar y abrazar todas sus características naturales e introvertidas. No puede vencer sus miedos si no los enfrenta. Cuando uno aprende a conquistar y enfrentar sus miedos, comienza a crecer como ser humano. Por lo tanto, trate de abordar sus miedos, incluso si parecen demasiado estresantes en este momento. Puede abordar todos sus miedos relacionados con la introversión, incluida la timidez, el nerviosismo que le provocan las conversaciones triviales y el miedo a la vergüenza, si dedica algún tiempo a practicar los métodos que se dan en este libro.

Aprenda el Funcionamiento

Antes de enfrentar a un enemigo fuerte, es importante comprender sus debilidades y fortalezas. Necesita tener información completa al respecto. Si el miedo está interfiriendo en su vida, ¿cómo lo hace? Por ejemplo, puede interferir con su vida profesional, académica y personal. Debe comprender los signos del miedo psicológico y físico. Una vez que recopile toda esta información, puede comenzar a abordarla correctamente y ser más capaz de vencer su miedo.

Junto con la información anterior, también debe recopilar datos de fuentes como artículos, libros, blogs de psicología y profesionales de la salud mental.

Sea Consciente de su Miedo

Una vez que recopile información relacionada con su miedo y se familiarice con él, debe comenzar a examinar cómo se siente al respecto. Comprenda dónde localiza el miedo su cuerpo. ¿Lo siente en su garganta, pecho o vientre? Comprenda sus signos físicos, para que la próxima vez, cuando lo experimente, pueda identificarlo de inmediato. De esta manera, podrá trabajar contra él correctamente. Nombrar su miedo y llamarlo en voz alta de vez en cuando le ayudará a enfrentarlo.

Plántele Cara

Es fundamental que usted comprenda y acepte su miedo. No intente negarlo ni ocultarlo. Los introvertidos deben lidiar con sentimientos negativos que ocultan en demasiadas ocasiones. Pero ocultar estos sentimientos no ayuda en absoluto porque esconderlos no resuelve el problema subyacente, sino que solo lo agrava aún más. Una vez que comience a sentir y no esconder el miedo, puede comenzar a abordarlo siguiendo los distintos pasos que se han detallado anteriormente. De hecho, puede parecer una misión difícil al principio, pero con paciencia, dedicación y tiempo podrá realizarla. No sea demasiado duro consigo mismo; permítase su tiempo para abordar el miedo gradualmente. Si su primer intento no sale como esperaba, no se preocupe, siga intentándolo. El miedo es una especie de hábito y ya sabemos que es difícil cambiar los hábitos. Piense que incluso el paso más pequeño le ayudará a progresar. Con el tiempo verá que los nuevos hábitos empiezan a arraigar y, una vez que estos hábitos se asienten, no tendrá que hacer ningún esfuerzo para mantenerlos en el futuro.

Recuerde por qué es Importante

Los introvertidos nunca dejan de asombrarse al ver a los extrovertidos alegres y relajados incluso en los escenarios sociales más abrumadores. Una de las principales razones por las que los extrovertidos no parecen tener miedo es por la forma en que sus cerebros manejan las situaciones sociales. Para ellos, estas situaciones son placenteras y el sentimiento de placer domina al sentimiento de miedo.

Los introvertidos están muy concentrados en sus sentimientos, por lo que su miedo se hace más grande que el de los extrovertidos y por eso tienden a evitar las reuniones sociales. Pero si esto está obstaculizando su progreso, debe superarlo. Las interacciones sociales son cruciales mientras se vive en sociedad; es imperativo que se pregunte antes de evitar algo si es importante o no, si necesita interactuar con la persona o la situación o no, y si la conversación actual le ayudará en el futuro o no.

Si no participa en la conversación actual, ¿obstaculizará sus perspectivas en el futuro? Comprender y responder estas preguntas le ayudará a calmarse y a pensar en el asunto detenidamente. También le ayudará a controlar y gestionar sus decisiones correctamente. Recuerde, su conciencia es bastante selectiva, así que úsela con cuidado. Intente buscar un equilibrio entre los pros y los contras de la situación y luego tome una decisión de acuerdo a lo anterior.

¡Repítalo!

Los seres humanos forman hábitos rápidamente y se adhieren a estos durante mucho tiempo. Nuestro cerebro forma esos hábitos porque le ayudan a gestionar las cosas con mayor facilidad. Es un mecanismo crucial que permite al cerebro ahorrar energía, ya que puede usar experiencias pasadas para solventar los desafíos que se presenten. Pero para que esto funcione correctamente, debe concentrarse en cada situación y permitirle a su cerebro formar respuestas basadas en dichas experiencias anteriores. Si su cerebro forma malos hábitos, sufrirá las consecuencias en el futuro. Para fortalecer su cerebro, debe hacer un esfuerzo consciente para desarrollar comportamientos adecuados. De la misma forma, es muy necesario que aprenda a ajustar su comportamiento para poder progresar. Recuerde, la perfección no es posible, pero esto no significa que deba dejar de perseguirla.

El miedo es un sentimiento confuso porque su principal razón de ser es la de advertir sobre un peligro inminente. Nuestro cuerpo, cuando siente miedo, tiende a abordarlo con la respuesta instintiva de huir o luchar. Los introvertidos generalmente eligen la primera reacción y tratan de evitar la situación por completo. Por tanto, es fundamental gestionar el miedo interiorizado para poder avanzar en la vida.

Capítulo Diez: Superar la Ansiedad y la Incomodidad Social

A menudo confundimos la introversión con la ansiedad social, en particular los extrovertidos que piensan que todos los introvertidos son inadaptados sociales. Pero la introversión y la ansiedad social son conceptos diferentes y mutuamente excluyentes. En este capítulo, analizaremos en profundidad ambas circunstancias y mostraremos sus diferencias.

Primero, es necesario aclarar que la introversión no es una enfermedad. La introversión está relacionada con la forma en que nuestro cuerpo usa la energía. La incomodidad social y la ansiedad, sin embargo, se relacionan con cómo se siente en su vida diaria y cómo responde a las cosas que experimenta. Veamos cómo lidiar con las experiencias de la vida siendo un introvertido que sufre de ansiedad social.

Superar la Ansiedad Social como Introvertido

• **Conocer Gente Nueva**

Conocer gente nueva puede ser difícil, especialmente para las personas que tienen ansiedad social, ya que tienden a obsesionarse con los pequeños detalles y, en general, se sienten nerviosas por causar una buena impresión. Ese nerviosismo también se refleja en el contenido de la conversación, donde tienden a hacer más preguntas que a responderlas. Esta es una gran táctica en las etapas iniciales de una relación porque a todos nos gusta hablar de nosotros mismos, pero se vuelve poco efectiva rápidamente. Las personas que tienen ansiedad social generalmente tienen dificultades para iniciar una conversación porque tienden a pensar demasiado en las cosas, lo que a veces les hace parecer mudos.

• **Hablar es Divertido**

En algunos aspectos, las personas con ansiedad social son bastante similares a las introvertidas. Al igual que los introvertidos, los primeros tienden a participar en las conversaciones si el tema tratado les gusta. Si el tema es interesante, pueden hablar mucho sobre él. Las personas introvertidas, del mismo modo que las que sienten incomodidad social, suelen pensar mucho antes de hablar y prefieren reflexionar y recopilar información antes de expresar su punto de vista. Pero hay una gran diferencia: las personas con ansiedad social prefieren escuchar hablar a otros, en lugar de hablar ellos mismos. Pueden hablar con varias personas durante bastante tiempo, pero una vez que se cruza su umbral, comienzan a quedarse sin palabras.

• **Muchedumbres**

Las personas introvertidas y las que sufren incomodidad social generalmente tratarán de evitar quedar con otros en un área concurrida. La espera y las conversaciones triviales que conlleva el cenar en un lugar lleno de gente puede ser bastante estresante para ellos. Se olvidarán de disfrutar de la comida y la compañía, y se centrarán en escapar de la situación lo antes posible. Por lo tanto, en lugar de ir a un sitio demasiado concurrido, quienes presentan esta dificultad deberían elegir un lugar tranquilo y sereno con poca gente.

• **Pocas Palabras**

Los extrovertidos se sienten desconcertados por los introvertidos y por las personas inadaptadas socialmente de manera muy frecuente debido a su forma de ser, tan callados la mayor parte del tiempo. Los introvertidos que además padecen ansiedad social pueden llegar a ser increíblemente callados. De hecho, pueden mantener su silencio incluso en las situaciones más difíciles porque lo disfrutan. Asimismo, tienen pasatiempos que generalmente involucran la soledad, como escribir, leer, escuchar música, la jardinería, etc. El silencio les ayuda a concentrarse y a contemplar; les proporciona un sentido del mundo que les permite disfrutar adecuadamente de los pequeños placeres de la vida.

• **Libros**

Muchas personas introvertidas y socialmente inadaptadas son ávidos lectores. Disfrutan mucho de la compañía que ofrecen los libros y suelen hablar mucho acerca de estos; siempre tienen recomendaciones de libros para sugerir a otros. También les gusta volver a leer los libros que les cautivaron porque les da una sensación de reconexión.

A veces, incluso se desconectan del mundo para adentrarse en la realidad del libro que están leyendo y prefieren pasar horas y horas con su libro en lugar de ir a una fiesta ruidosa y llena de gente.

• **Tristeza**

Ya hemos comentado anteriormente que los introvertidos con incomodidad social tienen una tendencia inherente a sentir las emociones de forma más intensa que otras personas. Este hecho les conduce frecuentemente a estar tristes. Cualquier simple noticia puede desencadenar en ellos un sentimiento de tristeza que pueden mantener durante mucho tiempo. La ansiedad suele ser una puerta de entrada a la depresión, cuando la ansiedad social se activa, el sistema emocional se colapsa. En ciertas ocasiones, los introvertidos pueden intentar salir de su tristeza permaneciendo solos, aunque muchas veces esta soledad únicamente consigue agravar el problema.

En conclusión, la introversión y la ansiedad social pueden parecer mutuamente excluyentes, pero una persona puede sufrir ambas simultáneamente. Recuerde que ser introvertido o sufrir ansiedad social no es algo negativo, simplemente significa que debe vigilar su salud y trabajar con cuidado. La introversión no es una enfermedad mental, pero según muchas fuentes, la ansiedad social sí lo es. Si tiene ambos, entonces es necesario que se mantenga bien despierto y tenga confianza en sí mismo. No hay nada de malo en usted. Incluso si ciertas situaciones y aspectos de su vida le resultan bastante difíciles, eso no significa que deba sentarse en un rincón abatido. ¡Sea usted mismo y hágalo con confianza! No importa si es introvertido o sufre ansiedad. Solo sea valiente.

Diferencias entre Ansiedad Social e Introversión

En la parte previa hemos visto cómo lidiar con la ansiedad social y la introversión juntas. Pero ¿cuáles son las principales diferencias entre ellas? En la siguiente sección analizaremos estas diferencias en detalle.

• Introvertido se Nace; La Ansiedad Social se Hace

La introversión es perfectamente natural y es parte de su personalidad. No puede cambiarlo y no puede curarlo porque no es una enfermedad ni un trastorno. El carácter introvertido proviene de su genética. Las personas con ansiedad social son generalmente introvertidas – muchas veces los introvertidos tienden a desarrollar ansiedad social debido a la combinación letal de la genética y las experiencias sociales.

Existen diversos factores que pueden propiciar que una persona se sienta inadaptada socialmente. Una de las principales razones es el aprendizaje adquirido. Tendemos a aprender cosas en diferentes situaciones nuevas y, a veces, las cosas que aprendemos son negativas. Por ejemplo, si siempre vio a sus padres preocupados por algo, usted pudo aprender a sentirse preocupado habitualmente, a fuerza de cultivar ese hábito en su mente. Este rasgo luego se ve reforzado por acciones y experiencias como el acoso y otras interacciones traumáticas similares. Las personas que tienen ansiedad social suelen sentir, erróneamente, que no están a la altura de las circunstancias.

Otro aspecto de la ansiedad social es evitar la interacción. Las personas que la padecen tienden a evitar las interacciones porque no quieren participar en charlas triviales. Ponen excusas e incluso fingen estar enfermas. En las fiestas, si estas personas se sienten nerviosas, miran sus teléfonos constantemente para evitar entrar en contacto con los demás. Algunos incluso pueden llegar a esconderse en el baño con tal de evitar el trato con otros.

• Miedo a ser Descubierto

Las personas que sufren ansiedad social tienden a creer que hay algo intrínsecamente mal en ellas. Esto se debe a que no creen en sí mismos y creen que tienen muchos defectos que han mantenido ocultos; la mayoría de las veces, estos supuestos defectos son falsos y no existen, sin embargo, se convencen a sí mismos de que los tienen.

Dichos defectos pueden ser de diversa índole, tanto físicos como mentales. Por ejemplo, pueden creer que se ponen rojos cuando hablan con la gente y que les empiezan a sudar las palmas de las manos. Algunas personas pueden sentir que todo el mundo se reirá de ellas si tratan de expresar sus opiniones. Sean cuales sean los defectos que se atribuyen a sí mismos, tienen miedo de que se revelen.

Los introvertidos que no tienen ansiedad social no creen que haya algo en su interior funcionando mal. No tienen miedo de "ser descubiertos" porque no tienen nada en particular que ocultar.

- **Perfeccionismo y Ansiedad Social**

El perfeccionismo es la perdición de la humanidad. Las personas que luchan por alcanzar la perfección no se dan cuenta de que no existe. La gente que padece ansiedad social trata de lograr que sus interacciones sociales sean perfectas; intentan ser lo más impecables posible en términos de socialización. Tienen una actitud de todo o nada, lo que en sí mismo es bastante problemático. También tienen miedo a las críticas y para tratar de evitarlas intentan ser encantadores e ingeniosos, pero no siempre funciona. Y cuando efectivamente no funciona, pueden quedarse paralizados mentalmente.

Los introvertidos que no sufren de ansiedad social no se preocupan por estas cosas. Entienden que no siempre están bajo el escrutinio de los demás. No anticipan el juicio. Tienden a seguir el flujo natural de la conversación. Pero incluso si la conversación no fluye naturalmente y termina siendo incómoda, no pensarán demasiado en ella porque, en última instancia, no les importa mucho.

- **La Introversión es su Forma de Ser; La Ansiedad Social Entorpece su Ser**

La ansiedad social está estrechamente relacionada con el miedo. De hecho, casi siempre se canaliza a través del miedo. Las personas que tienen ansiedad social, como ya hemos visto, suelen evitar las reuniones y las grandes multitudes porque temen al ruido. Pero algunos extrovertidos que sufren ansiedad social también pueden sentirse así. A los extrovertidos les encantan las fiestas, y si la ansiedad social no les permite salir y disfrutar, se sentirán frustrados y enojados. Si la ansiedad social le trae serios problemas a su vida casi todos los días, se recomienda que actúe al respecto.

Al igual que las personas con ansiedad social, los introvertidos también tratan de evitar las fiestas; si terminan en una fiesta, intentan irse lo antes posible. Aunque a diferencia de las personas con ansiedad, no les importa si se van demasiado temprano. No se critican a sí mismos por irse temprano porque saben que simplemente no encuentran la fiesta lo suficientemente interesante.

No se juzgan a sí mismos ni se sienten extraños tampoco. Su elección no está motivada por el miedo; solo se dejan llevar por su juicio y su mente.

Por tanto, la ansiedad social puede parecer una especie de introversión al principio, pero si profundiza, se dará cuenta de que estas dos cosas son bastante diferentes. Pero es posible superar la ansiedad social, solo se necesita aprender a hacerlo. En el próximo capítulo, veremos cómo puede tener confianza social incluso si padece este miedo.

Capítulo Once: Cómo Alcanzar la Confianza Social

Tener confianza social no es nada complicado. Con algo de práctica, tiempo y dedicación, cualquiera puede alcanzarla. Si tiende a evitar las reuniones sociales o acaba sentado en una esquina cuando asiste a una, no se preocupe, no es el único. Hay muchas personas como usted en el mundo, sean introvertidas o no. Resolver este problema es bastante sencillo, solo necesita desarrollar la confianza en sí mismo, ser resuelto y atrevido. Echemos un vistazo a cómo puede convertirse en una persona segura de sí misma y sentir una mayor soltura en sus interacciones sociales. Veamos unos sencillos pasos.

Crear una Perspectiva Segura

- ### Acéptese a Sí Mismo

Si no se acepta a sí mismo, nadie más le aceptará tampoco. A los introvertidos les encanta pasar tiempo con ellos mismos y odian las multitudes. Esta es una tendencia natural que no pueden cambiar y por la que usted no puede esperar despertarse una mañana y convertirse en el alma de la fiesta. Si intenta hacerlo, solo conseguirá más estrés y ansiedad; es decir, le conducirá al desarrollo de más problemas en lugar de resolver los que ya tiene. Por ello, en lugar de forzarse a ser extrovertido, intente encontrar un término medio en el que se sienta cómodo y seguro.

Aceptar su naturaleza introvertida puede ayudarlo a concentrarse en la calidad de las conversaciones que tiene en lugar de concentrarse en la cantidad de estas. Recuérdelo, la cantidad no es tan importante como la calidad.

• La Confianza es Crucial

No puede conseguir la soltura que anhela en sus interacciones sociales si no tiene confianza. Tener confianza en sí mismo es más fácil de lo que parece, lo importante es que al hablar con las personas se involucre de tal manera que se sientan escuchadas. Ha de mostrarse despierto, pero no descarado. Si poco a poco va aplicando estos pequeños ajustes mejorará su competencia social. Esto es muy importante debido a que, según las investigaciones, la competencia social es excelente para la confianza en sí mismo y para la percepción que tiene de sí mismo. Si, como hemos mencionado, usted aplica los ajustes necesarios comenzará a aceptarse a sí mismo durante las diversas situaciones sociales en las que se involucre. Practicar la competencia social es fundamental porque le permitirá crear nuevas oportunidades de conocer gente. Cuando alguien es socialmente competente, se acerca a más personas nuevas. De esta manera, formará nuevos contactos y, en última instancia, también encontrará nuevas oportunidades relacionadas con otros aspectos.

Su autopercepción juega un papel importante en cómo se comporta en sociedad. Si no se siente seguro de sí mismo, no actuará con decisión. También es necesario que elimine la negatividad de su vida si quiere ser feliz, confiado y sociable, lo que nos lleva al siguiente punto.

• Negatividad

Si ansía ser una persona positiva y sociable, es necesario que deje de lado la negatividad. Las ideas y pensamientos negativos son perjudiciales para su salud social, mental y física. Cuando una persona no tiene confianza social, intenta encontrar razones que confirmen sus pensamientos negativos. Para evitar esta trampa mental, siempre que sienta que es demasiado negativo, deténgase y trate de encontrar la evidencia que respalde dicho pensamiento negativo. A menudo, no encontrará nada y, por lo tanto, cortará el pensamiento negativo de raíz.

Por ejemplo, si cree que no le agrada a nadie porque es aburrido, párese a reflexionar durante un momento y busque pruebas de que no es aburrido y que le agrada a la gente. Esto despejará todas sus dudas y le hará sentirse libre una vez más.

• No De Nada por Sentado

Una vez que comience a buscar pruebas que respalden la confianza y la positividad, puede intentar probar esa confianza en sí mismo. La forma en que la gente reacciona a algo no depende de usted; de hecho, no puede controlar las reacciones de otras personas. Si cree que usted es el motivo de ciertas reacciones, trate de ignorar este pensamiento. Cómo reacciona la gente depende únicamente de ellos. Evite hacer otras suposiciones.

Por ejemplo, si ve a una persona haciendo una mueca, puede sentir que se está burlando de usted o que se está aburriendo. Otras veces, algunas personas terminan las conversaciones a mitad de camino, se levantan y se marchan. No se preocupe; en lugar de culparse a sí mismo, trate de ver si hubo otras razones por las que esto pudo suceder. Si una persona hace una mueca mientras habla con usted, podría deberse a que no se siente cómodo en su asiento o no se siente bien. Si alguien deja una conversación a medias, es posible que tenga una tarea que deba realizar de inmediato. O puede que se trate de un introvertido y necesite algo de tiempo a solas lo antes posible.

• Entendimiento

Si muestra entendimiento hacia los demás, recibirá entendimiento a cambio, y cuando hay entendimiento mutuo se crea una atmósfera saludable propicia para la conversación. Desde ahí puede generar interacciones positivas que le ayudarán a tener más confianza en sí mismo y le permitirán captar y comprender las señales sociales. Mostrar entendimiento también le ayudará a ser más empático.

• Expectativas

Cuando interactuamos con otras personas, tendemos a crearnos expectativas con respecto a sus reacciones. Si usted tiende a esperar mucho de la gente o de la propia interacción, a menudo terminará sintiéndose insatisfecho debido a que, probablemente, tenga expectativas que no son demasiado realistas. Nunca asuma la responsabilidad de cómo actúan otras personas a su alrededor; esa es una decisión de cada uno.

Si, por ejemplo, usted trata de hablar con una persona y esta no responde de manera positiva, no se castigue por ello. Solo olvídelo y siga adelante. Si alguien no quiere hablar con usted, no es su problema, es un problema de él o ella. No puede ser amigo de todos y no todos querrán ser amigos suyos. Esto es perfectamente normal.

• Mostrar interés en los demás

Una conversación tiene lugar entre dos o más personas. Si solo habla de usted mismo durante la conversación, nadie estará interesado en hablar con usted. Por el contrario, debería poner interés en que su interlocutor se sienta cómodo. Él o ella debe sentir que lo escucha y lo valora. Esta característica se conoce como competencia social y es un paso importante para tener confianza social. Debe tratar de comprender las señales verbales y no verbales y utilizarlas para hacer que los demás se sientan cómodos. Esto le ayudará a perfeccionar sus habilidades sociales.

Por ejemplo, cruzar los brazos y evitar el contacto visual son dos gestos que hacen que las personas se vean poco interesadas. Por lo tanto, si desea parecer atento e involucrado en la conversación, evite usar estos gestos.

- **Comunicación No Verbal**

A los introvertidos no les gusta demasiado hablar, pero pueden hacer uso de su comunicación no verbal con la ayuda de su lenguaje corporal. Trate de adoptar un lenguaje corporal que le haga parecer más seguro. Use poses de comunicación no verbal, también conocidas como "poses de poder", con las que se verá confiado y resuelto.

Hay muchas poses de poder diferentes y hay mucha información disponible sobre ellas en Internet. Adopte algunas de ellas y compruebe su efectividad por sí mismo.

Ejemplos:

- Sentarse erguido y mantener el pecho expandido.

- Al sentarse con una mesa delante, colocar las manos sobre ella.

- Estando de pie, mantener los brazos y los hombros bien abiertos.

- Sonreír a menudo.

- Establecer contacto visual al conversar con otros.

- Mostrarse tranquilo.

- Mantener un discurso claro.

Además de los gestos y comportamientos mencionados anteriormente, puede encontrar muchos más en Internet.

Si usted consigue expresar sus opiniones con claridad y lucidez, parecerá confiado y resuelto. Necesita aprender a hablar con confianza. Su compañero o interlocutor ha de poder escucharlo y comprenderlo claramente. Ajuste el tono de su voz si es necesario. Debe aprender a comunicarse correctamente porque la comunicación verbal hábil puede ayudarlo a parecer cómodo en reuniones sociales y ayudar a que otros le comprendan mejor.

Murmurar es un signo de poca confianza; también refleja desinterés y hace que la gente piense que no se siente cómodo en la conversación.

• El Ritmo

No puede convertirse en un gran orador con modificar simplemente la claridad de su voz; también necesita controlar y modular su ritmo. El ritmo del habla no debe ser demasiado lento ni demasiado rápido. La gente debe poder entenderle correctamente. En algunas ocasiones solemos hablar demasiado rápido cuando estamos nerviosos. Hablar demasiado rápido dificulta las cosas para nuestros oyentes, ya que no podrán entendernos. Para asegurarse de que está hablando a un ritmo normal, respire a intervalos regulares mientras habla; de esta forma podrá controlar su ritmo.

Si percibe que está hablando demasiado rápido, haga una pausa por un momento y comience a hablar lentamente de nuevo.

• Saber Escuchar

Es imposible ser un gran orador sin ser un gran oyente. Necesita aprender a escuchar a las personas para aprender a hablar con ellas. Trate de concentrarse en lo que dice la gente. Piénselo. De esta manera, podrá formular respuestas concretas a sus preguntas y podrá responderles de manera adecuada. Sus respuestas deben ser consideradas y tranquilas. Si escucha atentamente mientras otros hablan, les muestra que está interesado en lo que quieren decir y esto, a su vez, les demuestra que no solo se preocupa por sus ideas y opiniones, sino que también los respeta como personas.

Cuando usted se encuentra nervioso, tiende a prestarse mucha atención a sí mismo. Esto es natural, pero también puede hacer que otras personas se sientan incómodas. Recuerde que no deben sentir que no está interesado en lo que están diciendo.

Recuerde también no interrumpir nunca a nadie en mitad de una conversación, deje que la otra persona termine de exponer su idea y a continuación usted podrá expresar la suya.

• Situaciones Sociales

En las recomendaciones anteriores vimos cómo se puede adquirir confianza social, pero no puede sentir esa confianza realmente hasta que aplique estos consejos de manera efectiva en su vida. Para practicar sus habilidades de confianza social, necesita desenvolverse en sociedad de vez en cuando. Estas situaciones pueden ayudarlo a tener más confianza y le permitirán poner en práctica las recomendaciones aquí sugeridas. Con el tiempo y la práctica, sus habilidades sociales se desarrollarán y tendrá cada vez más confianza. Si se involucra con frecuencia en este tipo de situaciones, logrará sentirse más cómodo en ellas y también reducirá su ansiedad. Tenga en cuenta también que, en lugar de exponerse únicamente a ciertas situaciones sociales, debería esforzarse para desenvolverse en una variedad de ocasiones diferentes.

Intente iniciar conversaciones, comenzar a hablar con alguien no es difícil. Puede comenzar con un simple saludo o puede hacerle un cumplido a alguien y luego continuar con la conversación.

• Juego de Rol

El juego de rol realmente puede ser un gran impulso si se hace correctamente. Siempre que quiera practicar sus habilidades sociales, simplemente pídale ayuda a un amigo o familiar de confianza. Pídale que se haga pasar por un extraño y practique sus habilidades con él o ella. Estas sesiones de entrenamiento le ayudarán a formar un guion informal en su cabeza que podrá usar cuando conozca a extraños reales. Simplemente cree un formato simple y flexible para que pueda usarlo con mucha gente distinta.

• Amigos

Si le resulta difícil iniciar una conversación, no se preocupe. Puede optar por pedirle a un amigo que le presente a gente. Conocer a los amigos de sus amigos es una buena forma de aumentar su círculo social. También puede practicar sus habilidades comunicativas sin tener que presentarse a gente nueva. Pídale a su amigo que le presente y luego participe en la conversación a medida que se desarrolla de forma natural.

• Socializar en Entornos Nuevos

Como hemos comentado antes, es necesario que se exponga a entornos sociales de lo más variados. Una vez que se acostumbre a un lugar, se sentirá cómodo con él. Pero si desea potenciar sus habilidades comunicativas, debe visitar lugares donde no conozca a nadie. Esto pondrá a prueba su confianza en sí mismo. Si no quiere estar en una fiesta llena de gente, busque una pequeña reunión donde conocer gente nueva. Es recomendable que siempre esté abierto a visitar lugares desconocidos para encontrar gente nueva e interesante. Esto mejorará enormemente su confianza.

Las reuniones pequeñas pueden ser de cualquier tipo. Por ejemplo, puede encontrar y conocer gente en un gimnasio, en un club de lectura o un club de actividades, etc. Estos lugares le ofrecerán muchas oportunidades para iniciar conversaciones.

Capítulo Doce: Cómo Conseguir ser más Sociable

Las personas introvertidas se consideran misteriosas de manera generalizada, pero los hombres particularmente enfrentan una parte más dura que las mujeres en este aspecto. Se supone que los hombres deben mostrar su fuerza y destreza; se supone que toman la iniciativa la mayor parte del tiempo. Estas expectativas son cruciales para ellos porque les afecta directamente en su éxito personal y profesional. Si es introvertido y quiere ser más sociable por motivos personales o profesionales, esta sección le ayudará a hacerlo. Contiene varios consejos y métodos probados y demostrados que lo ayudarán a convertirse en un introvertido socialmente hábil en poco tiempo. Solo necesitará practicarlos regularmente para sentirse más confiado y suelto.

Hablar

La mayoría de la gente cree que es necesario hablar mucho para ser sociable. Sin embargo, los introvertidos tienden a evitar hablar demasiado, como ya sabemos. Pero no se preocupe, nadie espera que hable mucho. Solo necesita calmarse y seguir el flujo de la conversación. Cuando necesite decir algo, dígalo en un tono relajado.

Acepte su Lado Introvertido

Muchas personas intentan cambiar sus características innatas porque sienten que ser introvertido está mal. Pero esto no es más que un mito. La introversión es perfectamente natural y normal. Ser un introvertido con confianza en sí mismo le proporciona un aura misteriosa que es irresistible para ambos sexos. Necesita aprender a sentirse cómodo en su piel y tener soltura. Su confianza en sí mismo le ayudará a enfrentar las incomodidades asociadas con la introversión.

Iniciar la Conversación

Hoy en día, debido a compromisos profesionales y personales, es muy común que las personas conozcan gente nueva casi todos los días. Sin embargo, esto puede ser muy estresante para los introvertidos, a quienes no les gusta tener conversaciones superficiales. Si alguna vez se encuentra atrapado en una situación similar, no se preocupe. Simplemente planifique las cosas de antemano. En lugar de encontrarse con un extraño en un lugar al azar, elija el lugar con cuidado. Su elección debe permitirle amplios temas de conversación, de modo que siempre que sienta un silencio incómodo, pueda elegir un nuevo tema y hablar sobre él. Reunirse en un restaurante, por ejemplo, es una opción mucho mejor que reunirse en un parque.

Escuche, Piense y Responda

Escuchar es una gran habilidad que generalmente se asocia con la introversión. A los introvertidos les encanta escuchar y luego reflexionar las cosas, pero rara vez responden rápidamente. Si no quiere asustar a su interlocutor, se recomienda no solo escuchar y pensar sino responder. Así permitirá que la conversación siga avanzando.

Resalte sus Puntos Fuertes

Los introvertidos nacen con diversas habilidades que generalmente se conocen como características de la introversión. Algunas de estas habilidades incluyen escuchar, ser honestos y ser observadores. Si tiene alguna de estas habilidades, manténgase orgulloso al respecto y no las oculte. Déjelas brillar intensamente. Seguramente le ayudarán a hacerse notar y, por extensión, a ser más sociable.

Practique

Las personas sociables tienden a saber qué decir, cuándo decirlo y cómo decirlo. Algunos extrovertidos nacen con esta habilidad, pero otros la aprenden con la práctica. Usted también puede aprenderla hablando con extraños y encontrando temas de conversación interesantes. Con la práctica logrará socializar cómoda y habilidosamente.

Animador

Una excelente manera de ser aceptado socialmente es entretener a la gente. Algunas personas tienen la habilidad de entretener a otras sin esfuerzo alguno. Si usted no es una de estas personas, evite intentar ser un animador. Los introvertidos rara vez se sienten cómodos siendo el centro de atención. Por ello, en lugar de forzarse a ser el centro de atención, quédese en un segundo plano y disfrute de las cosas desde la distancia.

Estilo

Su ropa y estilo pueden ayudarlo a expresar cosas que no puede expresar verbalmente. Si le resulta difícil hablar y expresarse correctamente a través de las palabras, deje que su ropa y accesorios hablen por usted. Es recomendable que ajuste su estilo especialmente si no se siente seguro con su ropa. Si bien es necesario tener confianza en la propia piel, también puede acelerar el proceso confiando en su vestimenta.

Amabilidad

En lugar de pensar en las personas como extraños, piense en ellos como amigos que acaba de conocer. Si trata a los extraños como amigos, no se sentirá tan incómodo. Simplemente use las tácticas de conversación que usa con sus amigos habituales. De esta manera, no estará nervioso y podrá mantener una conversación con éxito.

Tiempo Solo

Recuerde que la introversión es normal y no puede evitarla. Es su personalidad, y necesita conectar con su lado introvertido de vez en cuando. No olvide recargarse disfrutando de un tiempo a solas cuando lo necesite. Este tiempo es fundamental porque le permitirá a su mente generar nuevas ideas.

En resumen: para volverse más sociable, un introvertido solo necesita volverse más seguro de sí mismo. Tener confianza en sí mismo aumentará automáticamente sus habilidades sociales. No se preocupe mucho por las impresiones que pueda proyectar sobre los demás; solo preséntese, sea usted mismo y relájese.

Capítulo Trece: Cómo Conectar y Hacer Amigos

Encontrar a Alguien que le Entienda

Encontrar personas que nos comprendan es de por sí difícil, pero se vuelve aún más complicado para un introvertido que aprecia la soledad. Contrariamente a la creencia popular, los introvertidos también necesitan amigos. Si bien hacer amigos es fácil cuando se es joven o se está en la escuela, se torna bastante difícil conocer gente nueva y hacer nuevas amistades en la edad adulta. Esto ocurre como consecuencia de varios motivos; la falta de tiempo para socializar, la falta de temas de conversación y la falta de energía son algunas de las razones por las que a los adultos les resulta difícil hacer nuevos amigos. Para los introvertidos, es aún más difícil porque encuentran agotador conocer a extraños.

Los introvertidos tienden a ser exigentes. No les dan su amistad aleatoriamente a cualquier persona. Suelen ser muy selectivos y solo escogen como amigos a aquellas personas a las que comprenden y en las que pueden confiar, principalmente porque no tienen mucha energía social y no quieren desperdiciarla en personas al azar. Los extrovertidos son como grandes salones de fiestas con gran capacidad donde uno puede entretener a muchas personas simultáneamente, mientras que los introvertidos son como suites de lujo con entrada reservada a personas exclusivas.

Algunas personas creen que un extrovertido no puede ser amigo íntimo de un introvertido y viceversa, pero esto es falso. Si su amigo le entiende bien y conecta con usted, una amistad es perfectamente posible. En esta sección, descubriremos algunos consejos que pueden ayudarlo a encontrar amigos que empaticen con usted.

• Piense en sus Conocidos

¿Y si, en lugar de intentar hacer nuevas amistades, trata de conectar con sus conocidos y se hace amigo o amiga de ellos? Todo el mundo cuenta con muchos conocidos en su vida; solo eche un vistazo a los que le parezcan interesantes e inicie contacto con ellos. ¡Ya verá como enseguida hace nuevas amistades!

• Primeros Pasos

Casi todos los introvertidos odian dar el primer paso para iniciar el contacto. Si usted se identifica con esto, seguramente esperará a que las otras personas le hablen primero. Esto se debe a que tiene miedo al rechazo y no quiere sentirse avergonzado o humillado. Sentir el rechazo de alguien puede sacar a relucir las dudas sobre sí mismo, lo que a su vez puede ser bastante perjudicial para su salud mental. Si usted ha sufrido mucho rechazo en etapas anteriores de su vida, es posible que no inicie contacto con nadie en el futuro. Se siente desanimado y triste y este desánimo puede causar estragos en su vida.

La pasividad, especialmente en la edad adulta, es problemática. Si actúa de forma pasiva al entrar en contacto con personas nuevas, le resultará difícil hacer amigos. Con esa actitud la gente nunca se acercará a usted para forjar una amistad; debe hacer un esfuerzo para conectar con las personas. La amistad es una relación mutua; ambas partes deben poner de su parte para que tenga éxito. Nadie intentará ser su amigo si no hace ningún esfuerzo. Tómese esto en serio e inicie conversaciones. Dé el primer paso en lugar de esperar a que otros lo hagan.

• Máscaras

Cuando conocemos gente nueva, es natural que intentemos que se sientan cómodos. Esto es especialmente cierto para los introvertidos que sienten necesidad por agradar a los demás. Pero esto no es fácil porque se necesita mantener una actitud de felicidad todo el tiempo para lograrlo. Es necesario hacer un gran esfuerzo para agradar constantemente y, a fin de cuentas, esto no producirá ningún resultado significativo.

No puede ser amigo de alguien si no se muestra como es realmente, sin embargo, la gente, al intentar atraer nuevos amigos, tiende a ocultar sus peculiaridades y aspectos negativos, presentando solo su lado positivo al inicio de la relación. Literalmente crean una fachada, y todos sabemos que mantener una fachada durante mucho tiempo no solo es difícil sino imposible. Si hace eso, pronto comenzará a odiar a sus amigos porque la fachada le hará sentir miserable. Absorberá su energía y lo dejará cansado y vacío.

Por lo tanto, en lugar de proyectar una imagen ficticia de sí mismo solo para agradar a la gente, trate de presentar su verdadero "yo". Tenga confianza en sí mismo y no se preocupe si la gente no le aprecia al principio. Su vulnerabilidad le permitirá conectar con otras personas de manera efectiva.

• Formule Preguntas

Hay dos cosas muy obvias en relación a esto: a las personas les encanta hablar de sí mismas y a los introvertidos les gusta escuchar y contemplar. Puede utilizar estos dos factores a su favor. Siempre que conozca gente nueva, hable unos minutos sobre sí mismo y luego haga preguntas sobre ellos. Seguramente apreciarán su interés por ellos mismos y podrá mantener una conversación exitosa. Use sus habilidades de escucha activa para cubrir sus no tan potentes habilidades verbales.

• Note Cómo se Siente

Esta es una excelente manera de probar si le gusta pasar el rato con su nuevo amigo o no. Cuando pasa el rato con esta persona, ¿se siente increíblemente cansado o se siente feliz y quizás con energía? Como introvertido, es perfectamente natural sentirse un poco cansado después de pasar tiempo con una nueva persona, pero este cansancio suele ser agradable. Si se siente excesivamente cansado e incómodo, quizás la nueva amistad no sea la más adecuada.

Las personas con grandes necesidades emocionales generalmente buscan introvertidos para volcar su bagaje emocional. Como los introvertidos son buenos oyentes, las personas emocionalmente necesitadas tienden a usarlos como cajas de resonancia o, a veces, como un saco de boxeo metafórico. Los introvertidos, que prefieren que otros inicien el contacto, se sienten felices en esta relación al principio, pero con el tiempo se dan cuenta de que no son realmente amigos de la persona. Si alguna vez se ve atrapado en una situación de este tipo, se recomienda que retroceda gradualmente y rompa los lazos con él o ella suavemente. No necesita relaciones que le agoten.

• Sensación de Incomodidad

Muchos introvertidos tienden a mantenerse alejados de las personas porque se sienten incómodos con los demás. Incluso cuando conocen gente nueva, mantienen ocultas sus características positivas, como una personalidad divertida o peculiaridades agradables. Su verdadero yo solo sale a la luz cuando se sienten cómodos con la otra persona. Pero de esta manera puede perder la oportunidad de conocer gente nueva.

No se preocupe si se siente incómodo con una persona al principio: con el tiempo se sentirá más cómodo y empezará a disfrutar de la compañía de su nuevo amigo o amiga.

• Quedadas

No puede ser amigo de una persona si no queda con él o ella de vez en cuando; pídale a su amigo que quede con usted para salir al menos una vez a la semana. Un simple almuerzo los fines de semana será suficiente. También puede asistir a una "quedada grupal" organizada para poder conocer gente nueva. Es recomendable programar las "quedadas grupales", de esta forma podrá llevar una rutina. *A los introvertidos les encantan las rutinas.*

• Avance Despacio

Las amistades no ocurren de la noche a la mañana, especialmente en el caso de los adultos. Se necesita tiempo para que una relación madure y se desarrolle correctamente. No intentes forzar una amistad. Deje que se desarrolle gradualmente; una amistad desarrollada gradualmente siempre será mejor que una simple relación de la noche a la mañana.

Recuerde, la calidad de los amigos es más importante que la cantidad de amigos. Es mejor tener un círculo pequeño de amigos extremadamente cercanos y confiables que tener muchos conocidos superficiales.

Hacer Amigos en el Mundo Moderno

A las personas introvertidas les resulta bastante difícil hacer nuevos amigos, especialmente cuando se sienten obligadas a hacerlo. Puede ser una experiencia bastante agotadora. En la sección anterior, vimos algunas pautas con las que un introvertido puede hacer nuevos amigos. Pero hay muchas otras formas que pueden ayudarlo a hacer nuevas amistades. Las tecnologías actuales pueden hacer que sea más fácil hacer nuevos amigos. Encontrar amigos en Internet se ha vuelto bastante sencillo, aunque llevar esa amistad de la red a la vida real puede ser bastante difícil. En esta sección, vamos a describir cómo puede usar la tecnología a su alcance para hacer amigos por Internet y convertirlos en amigos también en la vida real.

- **Escribir en un Blog**

Los blogs son una excelente manera de expresarse y presentar sus ideas al mundo. Mucha gente lee blogs con frecuencia, aunque solo unos pocos comentan sobre ellos. Los blogs no están destinados a ser una forma de conversación unidireccional. Puede ponerse en contacto con el escritor del blog y mostrarle su aprecio comentando cosas positivas sobre el mismo. También puede utilizar esta sugerencia para encontrar y hacer nuevos amigos. Con solo leer los blogs y comentarlos, puede comenzar a formar relaciones muy positivas. Luego puede continuar esas amistades a través de correos electrónicos y redes sociales.

Algunas personas tienden a usar los blogs como caja de resonancia donde simplemente expresan sus ideas. No quieren comentarios ni respuestas a su contenido. Pero la mayoría de los escritores de blogs aprecian cuando las personas comentan en sus blogs y felicitan su arduo trabajo. Si comenta con frecuencia en blogs concretos, finalmente acabará formando un vínculo con el escritor.

- **Unirse a Grupos de Facebook**

Los grupos de Facebook se han convertido en una excelente manera de conocer personas que piensan igual y les gustan las mismas cosas. Encontrar nuevos amigos es bastante fácil en las redes sociales. Es sencillo hacerse amigo de personas con ideas afines. Únase a algunos grupos relacionados con las cosas que le interesan. Por ejemplo, un grupo de lectura, un grupo de cocina o un grupo de películas pueden ayudarlo a hacer amigos con facilidad. Simplemente publique sus experiencias en el grupo y comente las experiencias de otros. Demuestre que está realmente interesado en hablar con la gente e interactuar con ellos.

Muchas personas han encontrado amigos para toda la vida con la ayuda de Facebook y otros sitios y aplicaciones de redes sociales. Hay muchos grupos en Facebook que son especialmente buenos para los introvertidos. Búsquelos y disfrute haciendo nuevos amigos.

- **Twittear**

Otra excelente manera de conocer gente nueva y hablar con ellos en línea es Twitter. Twitter puede ser bastante abrumador, especialmente al principio, porque se mueve rápidamente y hay un límite de texto. El concepto de MD (mensaje directo) puede resultar bastante confuso, aun así, Twitter es una excelente manera de conectarse con la gente si usted es introvertido.

Twitter es especialmente bueno para los introvertidos porque le permite escuchar sin tener que hablar con la gente. Como quedó suficientemente claro antes, a los introvertidos les encanta escuchar. Twitter puede permitirle escuchar a las personas "siguiéndolas". Puede mantenerse al día sin tener que hablar con ellas todo el tiempo. También puede conocer físicamente a las personas con las que entable amistad en Twitter. De esta manera, podrá encontrar amigos "reales" fácilmente.

- **Chats de Twitter**

Una vez que comprenda cómo funcionan los "siguientes" y las "listas" en Twitter, puede comenzar a utilizar otras opciones. Por ejemplo, Twitter se puede utilizar para tener algunas interacciones significativas y también puede usarlo para construir relaciones excelentes. Para hacer esto, puede usar la opción de chat de Twitter para conocer gente nueva y hablar con ellos.

Los chats de Twitter son comparativamente más fiables que conocer gente en bares. Puede conectar con la misma persona una y otra vez y formar una gran relación con ella. Si le resulta difícil manejar el chat de Twitter en su dispositivo móvil, déjelo y simplemente use su ordenador. La interfaz es mucho mejor en el ordenador que en los dispositivos móviles.

- **Videollamadas**

Las plataformas de videoconferencia como Google Hangouts, Skype y Zoom son excelentes servicios con los que conocer y hablar con gente nueva. Estos servicios pueden permitirle estar en su zona de confort y hacer nuevos amigos sin ningún problema. Puede sentarse en la oficina de su casa o en su dormitorio y hablar con personas de todo el mundo. Literalmente, puede estar sentado en una esquina de los EE. UU. y hablar con una persona sentada en Indonesia.

Skype y las videollamadas son buenísimas formas de conectar con otras personas y para compartir charlas con amigos de otra parte del mundo.

- **Contratar**

Otra forma de conocer gente nueva y hacerse amigo o amiga de ellos es contratándolos. Si tiene una pequeña empresa, puede contratar nuevos empleados y hacer amistad con ellos. Esta opción no siempre es factible, ya que la gente no trabaja gratis. Por lo tanto, siempre que necesite un nuevo empleado, por supuesto, tendrá que gastar una cierta cantidad de dinero en sus servicios. Pero si puede contratar a algunas personas, será una gran experiencia, ya que podrá formar un vínculo fuerte con ellas.

Si no tiene un negocio propio, puede hacerse amigo de sus colegas en el trabajo. Atrás quedaron los días en que la gente pensaba que ser amigo de los compañeros del trabajo era una mala decisión. ¡Adelante, hágase amigo de ellos!

- **Pedir a un Amigo que le Presente a Gente**

Esta es otra genial manera de hacer nuevos amigos. Si quiere ser amigo de alguien, pero no lo conoce, puede pedirle a un amigo en común que se lo presente. A la gente le encanta ayudar a otras personas porque las hace sentir importantes. Si le pide a alguien cortésmente que le presente a otra persona, él o ella estarán encantados de hacerlo.

Puede hacer esto con frecuencia para hacer nuevos amigos. Incluso si no termina siendo amigo de la persona, aún puede agregarla como contacto. Sin duda, valdrá la pena a largo plazo. Pedirle a alguien que le presente a otra persona también le permitirá formar un vínculo estrecho con el primero. Este método puede producir resultados duplicados.

- **Asistir a Conferencias**

Si ha agotado el recurso de conocer gente en Internet y ahora quiere conocer gente físicamente, existen muchos métodos útiles para hacerlo. Atrás quedaron los días en los que solo podía conocer gente en bares y clubes. Ahora puede conocer gente y hacer amigos en cualquier lugar. Cada mes, se llevan a cabo muchas conferencias y convenciones diferentes. Simplemente encuentre algunas convenciones que le parezcan interesantes y asista a ellas. En estos lugares podrá encontrar gente nueva y hablar con ellos. Esta es una excelente manera de hacer nuevos amigos y quizás también de ponerse en contacto con sus viejos amigos al encontrarlos allí porque tienen intereses mutuos.

- **Presentar unas Personas a Otras**

Si le resulta imposible encontrar a alguien que le presente a un nuevo amigo o amiga, entonces puede optar por presentar unas personas a otras usted mismo. De manera que, si siente que dos personas deben conocerse porque disfrutarán siendo amigos, simplemente preséntelas. Actuará como una especie de casamentero de amigos. De esta forma, podrá conectarse con muchas personas y podrá formar vínculos fuertes con ellos. Cuando se conecta con otros, estos también se conectan con usted. Por lo tanto, termina haciendo nuevos amigos en todas las direcciones.

Así que, en lugar de poner excusas, levántese y salga de su casa (o no) e intente hacer nuevos amigos. Si no se esfuerza, no podrá hacerlos. Utilice las nuevas tecnologías y comodidades que se mencionan en este libro para abordar el mundo de la amistad adulta. No se preocupe, con mucho tiempo y paciencia podrá forjar vínculos sólidos para toda la vida sin ningún problema.

Capítulo Catorce: Los Introvertidos en el Ámbito Profesional

Los introvertidos que trabajan en oficinas tienden a estar rodeados de compañeros y empleados durante todo el día. La gente tiende a intercambiar historias, conocer personas nuevas, hacer amigos, establecer lazos, etc. Es muy positivo para usted si se une a esas conversaciones y forma nuevas amistades en su lugar de trabajo. Estos contactos son cruciales si desea ascender por la escalera del éxito. Pero la mayoría de los introvertidos no pueden hacer esto, ya que tienen miedo de acercarse a extraños y hablar con ellos.

Alrededor de un tercio o más de las personas que conoce son introvertidas. Estas personas prefieren entornos y eventos íntimos en lugar de las reuniones grandes que disfrutan los extrovertidos. No les gustan los ambientes excesivamente estimulantes y ruidosos. Pero en general, la sociedad está más alineada con los extrovertidos ya que los protocolos sociales están diseñados para ellos. Esto es especialmente cierto en el mundo profesional, donde los introvertidos son tratados como ciudadanos de segunda categoría.

Pero no importa. Debe esforzarse y trabajar duro si quiere tener éxito en el mundo empresarial, especialmente si es introvertido. Necesita poner de su parte para conocer a sus colegas laborales. En esta sección, consideraremos algunos consejos que pueden ayudarlo a tener éxito en un entorno profesional.

Sea Usted Mismo

Aunque esto puede sonar a cliché, no deja de ser cierto. No puede tener éxito si no es fiel a sí mismo. Culparse todos los días solo porque no es extrovertido no lo llevará a ninguna parte; más bien, le conducirá al desarrollo de más y más problemas. Si bien es cierto que tener algunas características extrovertidas puede ayudarle enormemente en el mundo, intentar comportarse y actuar como lo haría un extrovertido es ilógico e infantil. En lugar de hacer esto, intente resaltar su personalidad introvertida.

Si no se siente cómodo entre las multitudes y prefiere grupos pequeños, no se castigue por ello. No hay nada de malo en sentirse más cómodo en "petit comité". Debe comprender sus características y utilizarlas como sus talentos. Por ejemplo, los introvertidos gozan de grandes habilidades para pensar y escuchar. Puede utilizarlas para formar relaciones sanas, íntimas y duraderas con otras personas. Solo concéntrese en las cosas que importan e ignore las que no.

Redefina su Punto de Vista

Intente redefinir su enfoque hacia la vida y su carrera. Si evita conocer gente porque odia las multitudes, intente reunirse con ellos en entornos más íntimos. Organice sus reuniones en oficinas o acogedores cafés. También puede realizar reuniones en campos de golf o canchas de tenis. Simplemente encuentre un lugar que le resulte íntimo y cómodo. De esta manera, podrá hablar con su interlocutor sin inhibiciones.

Enfóquese en Crear Situaciones Extraordinarias

Según muchos estudios, nuestro cerebro está bien preparado para responder a situaciones nuevas e interesantes. Esto significa que si usted se expone a una situación novedosa puede crear recuerdos emocionantes. Por lo tanto, si desea conocer gente nueva, pero siente que le asusta o se pone nervioso, organice un plan emocionante incorporando algo nuevo. Por ejemplo, si es dueño de una granja, lleve a cabo la reunión en la granja. Pruebe algunas actividades nuevas para que las cosas sean emocionantes y memorables.

Poco a Poco

Si acercarse a la gente e iniciar conversaciones le paraliza, no se preocupe. Simplemente dé pequeños pasos y avance lentamente. Trate de salir de su zona complaciente lentamente, paso a paso.

Comience con una red de seguridad. Inicie la conversación y progrese lentamente. Si encuentra la experiencia intimidante, no se preocupe; siga practicando y siga adelante.

Aproveche el "Efecto Ganador"

El "efecto ganador" provoca que cada vez que una persona gana, su cuerpo recibe un agradable impacto directamente desde el cerebro. Este agradable efecto es excelente porque consigue aumentar su confianza durante un tiempo. Cuanto más gane, más altos serán sus niveles de confianza. Por lo tanto, siempre que planee conocer gente nueva, intente ganar en algo previamente.

Interiorice las Ideas Apropiadas

Recontextualice las cosas. Cuando sienta angustia por algo, trate de pensar en ello desde un punto de vista positivo. Esto puede ayudarlo a mejorar su forma de actuar. Por ejemplo, si odia hablar y generalmente se pone nervioso con las reuniones, no hable mucho; en cambio, escuche y haga algunos comentarios interesantes y hábiles. De esta manera, podrá participar en la conversación sin sentirse presionado. ¡También podrá prescindir de participar en las charlas superficiales!

Pídale a un Amigo que le Presente

Si desea hablar con alguien en un evento social, pero tiene miedo de hacerlo, no se agobie. Simplemente pídale a un amigo que se lo presente. Iniciar una conversación puede ser difícil, razón por la cual muchos introvertidos no hacen el esfuerzo. En lugar de forzarse a hacer algo que les cuesta tanto, los introvertidos suelen optar por quedarse en un rincón y no hablar con casi nadie. En lugar de hacer esto, explíquele la situación a un amigo y pídale que le presente a esa persona. Con esta simple pero efectiva pauta, podrá hablar con él o ella y hacer un nuevo contacto sin tener que enfrentar ningún malestar emocional severo.

Si Todo Falla, Pida Ayuda Externa

Si ha probado todas las opciones anteriores, pero aún no ha logrado su propósito, no hay problema; hay otras alternativas que puede probar. Una forma sencilla de conocer gente nueva, como hemos mencionado, es pedirles a sus actuales amigos que le presenten a otros. Pídale a un amigo o colega de trabajo que le haga de nexo. Así, puede entablar una amistad con la persona nueva y estrechar lazos con su amigo.

No importa si es extrovertido o introvertido. Cualquiera puede encontrar amigos, contactos, gente de referencia y buenas influencias, cercanos y para toda la vida a través de otros, pero requiere esfuerzo. Pruebe estos consejos hasta descubrir cuáles le convienen más en su caso particular; seguramente le ayudarán a sentirse más cómodo con la gente, y a hacer nuevos amigos en poco tiempo.

Capítulo Quince: Consejos para Mantener sus Relaciones

Las relaciones son a menudo emocionantes, pero también pueden ser difíciles e intimidantes, sobre todo para los introvertidos que no saben cómo iniciar el contacto. Los introvertidos sienten múltiples emociones cuando intentan conectar con alguien a un nivel sentimental. Mientras que los extrovertidos solo sienten la excitación y la sensación de mariposas en el estómago asociados con el amor, los introvertidos pueden sentir nerviosismo, miedo y ansiedad. La idea de entablar una relación es fascinante, pero también puede ser embarazoso, aterrador y extraño para los introvertidos.

La mayoría de los introvertidos quieren tener una relación romántica fuerte y cercana, pero generalmente no están seguros de cómo hacerlo. Algunos creen que las citas solo pueden funcionar para ellos si encuentran a su alma gemela. Debido a esta búsqueda de su media naranja perfecta, tienden a perder muchas buenas oportunidades para conocer gente excelente. La realidad es que los extrovertidos pueden conocer a grandes personas si comienzan a salir de sus caparazones y hacen un esfuerzo.

En esta sección, vamos a centrarnos en algunos consejos básicos que pueden ayudarlo a lograr y mantener una excelente relación.

Deshágase de las Inhibiciones

Si le gusta alguien y quiere salir con él o ella, no se abrume con un montón de preguntas. Solo sea valiente y directo e invítele a salir lo antes posible. Generalmente los introvertidos tienden a pensar mucho en la posible cita. Sienten miedo porque no saben si funcionará o no, y si creen que funcionará seguramente fantasearán con cómo se convertirá en la mejor relación de su vida. Esta cantidad de conjeturas solo conducirá al desarrollo de problemas importantes. A los introvertidos les encanta analizar el pasado y soñar con el futuro, pero muchas veces esto les hace ignorar el presente. Evite hacer esto.

Avance a Paso Lento

Los introvertidos suelen pensar mucho antes de tomar medidas serias y, en el caso de las relaciones sentimentales, esto puede ralentizar el proceso debido a su tendencia a soñar despiertos. Es habitual que los introvertidos pasen largos ratos pensando sobre el futuro de su relación, y aunque fantasear un poco está bien, trate de no excederse con esto. En lugar de soñar con pasar toda la vida juntos, trate de conocer mejor a su cita. Comprenda sus gustos, pasatiempos, disgustos, metas, trabajo, familia, educación, amigos, etc. Compruebe si sus longitudes de onda coinciden entre sí o no. Evite sacar conclusiones positivas o negativas. Reflexione sobre sus sentimientos y piense en ellos detenidamente. Use la capacidad de pensar propia de su carácter introvertido.

Trabaje la Compenetración

Es fundamental establecer una buena relación con la persona con la que está saliendo. En lugar de concentrarse en sí mismo, trate de concentrarse en su cita. Comprenda sus sentimientos, emociones y pensamientos. Al tiempo que piensa en esa persona, intente también averiguar las ideas que ella o él tiene sobre usted. Los introvertidos generalmente tienden a *desapegarse* y *apegarse* a las personas demasiado pronto. Trate de mantener un equilibrio o su relación se verá afectada.

Hágase Entender

El carácter de los introvertidos puede resultar confuso para muchas personas. Si su cita no le entiende, es posible que piense que está de mal humor o aburrido. En ese caso, lo mejor es ser honesto y expresarle cómo se siente. Hágale saber que para usted pasar tiempo solo de vez en cuando es crucial y que necesita la energía que obtiene de ese distanciamiento social. Su cita debe conocer el futuro de su relación. Si él o ella comprende sus necesidades, ¡genial! Si no es así, es mejor seguir adelante cuanto antes.

Exprese las Cosas que son Importantes para Usted

Los introvertidos y los extrovertidos consideran las mismas cosas de manera diferente. Por ejemplo, las percepciones y valores que tienen los introvertidos son diferentes de las percepciones y valores que poseen los extrovertidos. Si usted es un introvertido saliendo con un extrovertido, siéntese y discuta qué cosas son importantes para ambos individualmente y como pareja. Compartir y ser honesto en una relación es esencial.

No tiene por qué expresarle sus necesidades más íntimas. Puede simplemente hacerle saber las pequeñas cosas, como, por ejemplo, que le gustan las reuniones pequeñas y los lugares tranquilos. De esta manera, su pareja comprenderá sus necesidades correctamente.

Muestre sus Fortalezas

Si se ha formado la idea equivocada de que a la gente no le gustan los introvertidos, ¡olvídela de inmediato! Esta es una creencia falsa que ha sido perpetuada por estereotipos sin ningún fundamento. La gente aprecia a los introvertidos tanto como a los extrovertidos. En lugar de ocultar sus características, muéstrelas. Lleve su carácter introvertido con orgullo. Utilice sus capacidades y conviértalas en sus puntos fuertes. Esto le permitirá ser fiel a sí mismo y hacer que su relación sea exitosa.

Capítulo Dieciséis: Consejos para Cultivar Relaciones Fuertes

En el capítulo anterior, hemos tratado lo difícil que es para los introvertidos entablar relaciones y mantenerlas. Muchas veces los introvertidos no reciben suficiente atención, debido principalmente a que el mundo se centra sobre todo en los extrovertidos y sus necesidades y deseos. Tampoco se suele hablar mucho de ellos. Esto es propio de todos los ámbitos de la vida, ya sea profesional o personal.

Si le resulta difícil entablar o mantener una relación porque es introvertido, no desespere. Utilice estos trucos junto con los consejos mencionados en el capítulo anterior para salir de su caparazón. Estos consejos seguramente le ayudarán a cultivar una buena relación.

• **Conversaciones Significativas**

Estar con su pareja solo por razones superficiales conducirá a resultados catastróficos. Una relación no puede sobrevivir basándose únicamente en gustos triviales. Si desea que su relación funcione, debe comprender todo su conjunto a fondo; debería ser capaz de formar un vínculo profundo y estrecho con su pareja. A los introvertidos les encanta pensar y compartir sus ideas. Aunque no son grandes oradores, les gusta hablar mucho sobre las cosas que les apasionan y, si el tema es interesante, querrán mantener largas conversaciones. Si bien esta idea ha recibido muchas críticas en los últimos años, es totalmente cierta; los introvertidos son "sapiosexuales". Sienten deseo por las personas cultas e inteligentes. Les gusta estar con personas formales, competentes y con clase.

Un introvertido siempre preferirá estar con alguien que sea capaz de ofrecer una buena conversación, antes que con aquellos que solo se interesan por las cosas superficiales. No les gustan las personas halagadoras; por el contrario, prefieren a alguien que los desafíe intelectualmente. Les encanta cuando otros les cuestionan cosas y les hacen reflexionar.

- **Entornos Menos Estimulantes**

Los cerebros de los introvertidos se estimulan fácilmente. Esto significa que no necesitan muchas situaciones estimulantes para ser felices y lograr placer. No les hace falta ir a fiestas emocionantes o grandes reuniones para sentirse felices; de hecho, odian los lugares donde necesitan gritar para hacerse escuchar.

Si usted es un introvertido al que le resulta difícil tener citas, siéntese y trate de encontrar las razones que lo motivan. Muchas veces, los introvertidos evitan las citas porque implican salir de su casa y conocer gente en lugares ruidosos y concurridos como bares y clubes. Estos lugares pueden ser abrumadores para ellos; les agotan la energía rápidamente, y terminan sintiéndose tristes y apesadumbrados.

Si quiere disfrutar de su cita, organice un plan tranquilo. Como persona que se siente desbordada fácilmente, puede ser bastante abrumador tener su cita en un lugar muy ruidoso o concurrido, como un parque de atracciones o un concierto. En lugar de ir a lugares como estos, intente quedar en otros más tranquilos y silenciosos. Por ejemplo, en lugar de elegir un pub como lugar para la cita, opte por un bar pequeño. En lugar de visitar ese popular y gigante restaurante de comida rápida, ¿por qué no ir a un restaurante pequeño y relativamente desconocido donde la comida es deliciosa y el ambiente es tranquilo? Los lugares de sus citas son bastante importantes porque le permiten estudiar a su pareja. Le permiten comprender su personalidad y le hacen sentir cómodo y relajado. Una persona que está relajada y cómoda piensa con más claridad que una persona ansiosa y asustada.

- **Ir Despacio**

A los introvertidos les gusta tomarse las cosas con calma. Prefieren tener varias citas y comparar antes de decantarse por una pareja. Un introvertido necesita recopilar información sobre su pareja y comprender sus motivos, objetivos en la vida y su personalidad. Rara vez muestran afecto hacia alguien si no lo entienden y no lo conocen a fondo. Esto puede hacerles parecer extraños al principio, pero eso no importa; aplicando las pautas apropiadas y con paciencia, pueden disfrutar de una cita como es debido. Recuerde, una relación no puede sobrevivir si solo se basa en cosas superficiales; debe centrarse en conocer su relación y su pareja a fondo. Si usted prefiere tomarse las cosas con calma, hágaselo saber a su pareja; en caso de que esté de acuerdo, ¡genial! Si no es así, deberá plantearse sus prioridades.

- **Sensibilidad**

Los introvertidos son sensibles y les gustan las personas con esta característica. Si su pareja no es sensible a sus necesidades y deseos, la relación no sobrevivirá. Debe tener presente que no es aconsejable que reprima sus emociones porque de hacerlo finalmente explotarían. Necesita encontrar una pareja que sea sensible del mismo modo que usted. Esto no significa que deba buscar a un introvertido, ya que muchos extrovertidos también pueden ser bastante sensibles. Pero hay que tener en cuenta que los introvertidos intentan mantenerse alejados de los conflictos, por tanto, si usted y su pareja discuten mucho, quizás deba reflexionar sobre eso.

• **Tome Distancia de sus Pensamientos**

Los introvertidos tienden a pensar y analizar demasiado las cosas. Para ellos es difícil concentrarse en el momento presente, especialmente porque su mente, llena de pensamientos, salta de un punto a otro. Es un fenómeno natural y es parte de ser introvertido. Si a su cita le parece una tontería, hágale saber por qué es así; él o ella lo entenderá. La mayoría de las veces, cuando usted se evade del momento, es porque está pensando en qué decir a continuación o cuál debería ser su próximo movimiento. Esto es importante porque le permite controlar el ritmo de su relación y tener la situación bajo control.

• **Leer Entre Líneas**

A los introvertidos les gusta leer entre líneas porque así descubren cosas que la conversación no revela. Las personas introvertidas nacen con grandes habilidades de pensamiento y observación y están muy centradas en las cosas que les gustan; además son sutiles y discretas. Utilice estas capacidades para entender a su pareja, percibiendo los matices de la conversación. Observe el lenguaje corporal y los gestos, preste mucha atención a lo que dice y la forma en que lo dice. Incluso las señales más pequeñas pueden ayudarlo a comprender si hay algún futuro en su relación o no. Si alguna vez percibe ciertas señales de alerta o siente que la relación no va bien, siga adelante y encuentre a alguien mejor. Si encuentra que su pareja es conflictiva en la primera cita, seguramente la encontrará conflictiva en todas las citas futuras. En consecuencia, en lugar de darle a la gente el beneficio de la duda, simplemente siga adelante.

• **Necesidad de Espacio**

Los introvertidos necesitan mucho espacio y tiempo para pensar las cosas. Usted necesita soledad para reflexionar sobre los asuntos de su vida. Esta soledad es fundamental porque le permite recargar energía. Sin energía, no puede tener una cita apropiada, ya que no puede hacer preguntas o responderlas con naturalidad y soltura. Su pareja debe entender que necesita su tiempo de soledad de vez en cuando. Si le parece que su pareja es demasiado controladora o autoritaria, es mejor interrumpir la relación de inmediato. Una relación agobiante le hará sufrir y le hará esconderse profundamente dentro de su caparazón. Si alguna vez siente que su pareja está siendo demasiado posesiva con usted, avísela. Si trata de cambiar su comportamiento, no hay problema, pero si no lo hace, siga adelante.

- **Tiempo de Calidad**

No importa la cantidad de horas que dure la cita, si no la encuentra interesante, probablemente nunca volverá a quedar con él o ella. Para los introvertidos, la calidad es más importante que la cantidad. Si le gusta una persona y tiene una cita con ella en la que se da cuenta que no le agrada su conversación, siga adelante. De lo contrario sufrirá a largo plazo, ya que no podrá pasar tiempo de calidad con esa persona. Usted, como introvertido, necesita una pareja con una conversación interesante, ya que una charla superficial no lo llevará a ninguna parte. Si su pareja no puede mantener su interés, ni siquiera por unos minutos, está muy claro que no hay futuro para esa relación. Es mejor seguir adelante cuanto antes y no demorar lo inevitable.

- **Sea Usted Mismo**

Vivimos en un mundo obsesionado con la superación personal. Todo el mundo está tratando de mejorar todo el tiempo y trabaja para su propia superación. Por supuesto que es recomendable trabajar en la superación personal, pero es necesario comprobar qué cosas se incluyen en el término general de "superación personal". Por ejemplo, los introvertidos a menudo se ven obligados a adoptar las características de los extrovertidos porque la gente cree que estas características son mejores que las que tienen los introvertidos. Desde la infancia, los introvertidos se ven obligados a comportarse y ser moldeados de tal forma que terminan siendo falsos extrovertidos. Como ya se mencionó, esto es imposible; los introvertidos no pueden volverse extrovertidos o viceversa. Este proceso deshumanizador no puede tener cabida en la sociedad de hoy en día. Si usted, cuando era niño, atravesó ese trauma, es posible que aún lo esté sufriendo. En ese caso no se preocupe, pero trate de no llevar ese trauma consigo a donde quiera que vaya; lo importante es que intente ajustar su perspectiva y lo aborde como un problema.

En lugar de tratar de impresionar a su pareja mostrándole lo extrovertido que es, acepte su verdadera personalidad y sea usted mismo. No oculte su verdadero carácter. Sea valiente y deje volar la belleza de la introversión.

• No de Nada por Sentado

No asuma nada cuando salga con alguien. Utilice sus instintos introvertidos; siéntese y relájese, pensando y reflexionando sobre sus ideas. El silencio puede ser bastante confuso para los extrovertidos, así que hágale saber a su pareja que le gusta el silencio y que no significa nada negativo. Debe permitir que su pareja comprenda que es introvertido y que mira al mundo desde un punto de vista diferente. No suponga que él o ella estará listo o lista para adaptarse a usted. Muchos extrovertidos, e incluso muchos introvertidos, no saben cómo lidiar con los introvertidos. Eso no es ninguna sorpresa porque el mundo gira en torno a los extrovertidos. Por lo tanto, en lugar de forzar a su pareja para que lo comprenda, o asumir falsamente que lo comprende, trate de hacerle ver la naturaleza de su personalidad. No se trata de advertir a la otra persona por su introversión. Más bien, es ser resuelto y tener confianza en su verdadero "yo". Recuerde, nadie le aceptará si no se acepta a sí mismo.

Capítulo Diecisiete: Optimizar sus Características de Introvertido

Cada persona nace con su carácter propio, con rasgos y características particulares que pueden ayudarle a avanzar en la vida u obstaculizar su progreso. Los introvertidos poseen varias características que a menudo se infravaloran en el mundo actual. Pero usted, en lugar de ignorar estas características, puede usarlas y modificarlas de tal manera que puedan permitirle lograr sus objetivos. En este capítulo veremos cómo puede beneficiarse de sus rasgos introvertidos.

Opciones Profesionales para los Introvertidos

Encontrar una buena opción profesional suele ser difícil para los introvertidos debido a las peculiares características y rasgos que poseen. La introversión no es un concepto único; más bien, es un conjunto de varios rasgos emocionales y de personalidad que están presentes o ausentes en las personas en diversos grados. Esto dificulta en gran medida la tarea de comprender a los introvertidos. La introversión se puede dividir en varias categorías, siendo las más comunes como ya hemos visto anteriormente, reflexivo, ansioso e inhibido. Para elegir una carrera profesional, primero, averigüe qué tipo de introvertido es.

En esta sección, encontrará una larga lista de opciones profesionales que son adecuadas para los introvertidos. Para comodidad del lector, estas opciones se dividen de acuerdo con los tipos de introversión mencionados anteriormente. Recuerde que estos tipos tienden a superponerse unos a otros, y nadie puede proclamarse con certeza perteneciente a un único grupo. Por lo tanto, debe seleccionar las opciones laborales de acuerdo con su estilo de personalidad.

Atrás quedaron los días en que se pensaba que los introvertidos solo eran válidos para ciertos trabajos mal pagados. Ahora es bien conocido que los introvertidos pueden resultar una ventaja si se sabe cómo usarlos. La variedad de opciones profesionales que se ofrecen en esta sección demuestra el hecho de que los introvertidos tienen muchas alternativas en las que pueden ubicarse y realizar un buen desempeño con facilidad.

Recuerde que esta sección es solo para lectura. Siempre se recomienda ponerse en contacto con un consejero profesional antes de elegir cualquiera de las siguientes opciones como su trabajo permanente. De esta manera, podrá comprender si realmente tiene vocación para ese determinado puesto.

Profesiones para el Introvertido Social

La introversión social suena bastante paradójica porque los introvertidos son precisamente conocidos por evitar los entornos sociales. Aunque puede resultar confuso, este término se refiere a los introvertidos a quienes no les gusta involucrarse en situaciones sociales y a quienes les gusta vivir en soledad. Es de todos conocido que los introvertidos necesitan la soledad porque les permite recargarse y desconectar. En caso de que les sea imposible encontrar ese "tiempo a solas", preferirán estar en un grupo reducido de personas en lugar de rodearse de una gran multitud.

Cabe señalar que los introvertidos que entran en esta categoría enfrentan poca o ninguna ansiedad social; simplemente se inclinan a elegir reuniones sociales más pequeñas porque se sienten más cómodos.

Es un hecho que los introvertidos sociales son bastante leales; conocen y entienden sus propios límites y los de los demás. Siempre eligen desarrollar relaciones sólidas con las personas en lugar de atacarlas o ignorarlas, y rara vez aceptan nuevos amigos en su círculo social; pero si una persona se convierte en parte de su círculo íntimo, nunca más se sentirá sola porque a los introvertidos les encanta cuidar de sus amigos.

Los introvertidos sociales son bastante complejos, por lo que hay muchas opciones de trabajo disponibles.

Si usted tiene este tipo de personalidad, es importante que preste mucha atención a las características de sus posibles entornos laborales. Mucha gente que es introvertida social tiende a preferir trabajar desde casa o espacios similares. La mayoría trata de evitar los lugares de trabajo que son demasiado ruidosos o concurridos. Nunca elegirían trabajar en un lugar que no les ofreciera privacidad. Por suerte, su carrera laboral no depende en exclusiva de este factor. Puede obtener este tipo de condiciones en muchas profesiones diferentes si su jefe comprende sus necesidades.

Además, existen muchas profesiones en las que no es necesario interactuar con mucha gente de todos modos. Muchas de estas carreras laborales incluyen puestos de trabajo y ocupaciones basadas en habilidades. Echemos un vistazo a algunas buenas opciones profesionales para los introvertidos sociales.

- **Administrador de base de datos**

Estos empleados son responsables del manejo de datos en grandes empresas, industrias y oficinas. Es un trabajo bien pagado.

- **Chef privado**

La naturaleza de este trabajo depende de dónde decida trabajar. Por ejemplo, si usted se convierte en chef privado de un multimillonario, cobrará bien por preparar comida exótica para una sola persona o familia, con alguna fiesta ocasional quizás.

- **Ingeniero técnico electrónico**

No tendrá que hablar con mucha gente en este trabajo y podrá dedicar bastante tiempo a ejercitar sus habilidades de pensamiento preciso y resolución de problemas.

- **Diseñador gráfico mecánico**

Esta es una gran opción para las personas con inclinaciones artísticas y orientadas a los detalles.

- **Delineante**

Esta es ideal para las personas a las que se les da bien gestionar y planificar. También es una opción satisfactoria para los introvertidos que están interesados en la cultura y el arte.

- **Fontanero**

La fontanería no implica hablar mucho con extraños y es una excelente opción de trabajo para las personas a las que les gusta arreglar cosas.

- **Conductor comercial**

Aunque los conductores, especialmente los conductores comerciales, deben enfrentarse a muchos extraños todos los días, no importa porque no tienen que interactuar con ellos.

- **Mecánico de maquinaria industrial**

Los mecánicos de maquinaria industrial no necesitan interactuar con muchas personas y, a menudo, pueden elegir sus horas de trabajo.

- **Mecánico de equipos pesados**

Al igual que los mecánicos de maquinaria industrial, los mecánicos de equipos pesados no necesitan hablar con mucha gente y pueden trabajar bajo sus propias condiciones.

- **Investigador privado**

Ser un detective privado fue una vez una de las ocupaciones más glamurosas. Una de sus grandes ventajas es que puede trabajar solo, sin necesidad de tener un socio o empleados.

- **Electricista**

Los electricistas disfrutan de entornos de trabajo muy parecidos a los de los mecánicos de maquinaria industrial y equipo pesado.

- **Intérprete o traductor**

La traducción implica pensamiento y precisión. Puede ser traductor verbal, o si no le gusta hablar y conocer gente, puede traducir trabajos escritos.

- **Carpintero**

Los carpinteros ganan bien y, si le encanta el bricolaje, puede convertir su pasatiempo en una profesión.

- **Camionero**

Los camioneros generalmente viajan solos. Además, este trabajo permite realizar otros pasatiempos mientras se desempeña.

- **Mecánico de lanchas**

Este trabajo también proporciona mucha privacidad y paz.

- **Soldador**

Este es igualmente ideal para personas introvertidas que aprecian la paz y la soledad.

- Técnico dental

Si bien esta opción implica tratar con gente, puede evitarlos concentrándose en su trabajo.

- Mecánico de motos

Esta es una gran alternativa para los introvertidos que son hábiles con las manos.

- Mecánico de equipos pequeños

Esta es una gran opción de trabajo para los introvertidos a los que les gustan las máquinas.

- Entrenador de mascotas

Por lo general, a los introvertidos les encanta pasar tiempo con los animales más que con los humanos. Esto se debe a que los animales no pueden hablar y nunca juzgan.

- Panadero

La panadería es un arte que implica precisión, pensamiento y pasión. Si es un gran panadero, ¿por qué no convertir su afición en su profesión?

Profesiones para el Introvertido Reflexivo

A diferencia de los introvertidos sociales, a los introvertidos reflexivos no les importa la interacción social. Aunque no se desviven por conocer gente, tampoco les importa especialmente. Sus niveles de energía no se agotan rápidamente después de conocer a otras personas. Una característica importante del introvertido reflexivo es que es muy introspectivo.

Los introvertidos pertenecientes a esta categoría tienen una imaginación y un sentido de la creatividad muy desarrollados. Por lo general presentan pensamiento lateral; pueden ver el panorama general y sacar nuevas ideas e innovaciones. También es importante destacar que son buenos oyentes. No solo escuchan, sino que también respetan las ideas de otras personas. No es de extrañar que de forma habitual veamos a los introvertidos reflexivos en campos como la tecnología, la ingeniería, el arte, el diseño, etc. Algunas grandes profesiones para los introvertidos pensadores incluyen:

- **Ingeniero aeronáutico**

Esta profesión se adapta bien a las personas a las que les gusta construir cosas nuevas y pensar en nuevas ideas.

- **Ingeniero medioambiental**

Esta es una buena opción para introvertidos reflexivos que quieran ser innovadores.

- **Ingeniero industrial**

Esta es una buena alternativa para los introvertidos a quienes les gusta ser resueltos y creativos.

- **Ingeniero civil**

Si le gusta la planificación y la precisión, esta es una buena opción para usted.

- **Programador informático**

La programación requiere mucha paciencia y reflexión, por lo que es un trabajo muy adecuado para este tipo de introvertidos.

- **Desarrollador web**

Como la programación, el desarrollo web requiere paciencia y reflexión, además de creatividad.

- **Diseñador de videojuegos**

Si posee creatividad y talento artístico, tienen mucho que ofrecer en este campo.

- **Diseñador de moda**

Perfecto para quienes desean crear e innovar para demostrar sus talentos.

- Diseñador de interiores

Esta profesión requiere habilidades de escucha activa y paciencia.

- Diseñador gráfico

Este es un trabajo muy apropiado para los introvertidos, ya que puede disfrutar de su privacidad mientras trabaja.

Profesiones para el Introvertido Ansioso

Los introvertidos ansiosos, al igual que los introvertidos sociales, prefieren estar solos. Pero a diferencia de los últimos, este deseo de estar solos proviene de la ansiedad que les generan otras personas y sus percepciones. Los introvertidos ansiosos generalmente son tímidos y reservados, especialmente en las situaciones sociales. Suelen preocuparse mucho por su pasado y su futuro, lo que les hace ignorar su presente.

Algunas personas pueden incluso sentirse débiles y enfermas debido a su ansiedad social. Pero, si bien es cierto que hay muchos aspectos negativos asociados con este tipo de introversión, también hay muchos aspectos positivos. Los introvertidos ansiosos están extremadamente orientados a los detalles y adoran la planificación y la precisión. También están muy centrados. Esto los hace adecuados para muchas profesiones diferentes que requieren precisión, enfoque y planificación.

Muchas opciones para esta categoría incluyen trabajos que necesitan mucha planificación y pensamiento crítico. Estos trabajos tienden a estar muy orientados a los detalles y muchos implican salvar vidas de personas. Aquí hay una lista de algunas de las opciones profesionales que pueden ser apropiadas para los introvertidos ansiosos:

- **Estadístico**

Ser un estadístico implica muchos cálculos precisos que pueden ser difíciles de entender para otros.

- **Piloto comercial**

Ser piloto comercial requiere una inmensa paciencia y atención al detalle. Un movimiento en falso puede resultar en la muerte de cientos de personas.

- **Escritor técnico**

Los escritores técnicos deben reunir mucha atención para evitar errores. Este trabajo también proporciona a los introvertidos su tan deseada soledad.

- **Contable o auditor**

Al igual que los estadísticos, estos trabajos necesitan la precisión necesaria para realizar cálculos al milímetro.

- **Técnico de laboratorio médico o tecnólogo**

Un técnico de laboratorio médico debe prestar mucha atención a los detalles, por lo que este es un gran trabajo para los introvertidos ansiosos.

- **Mecánico de aeronaves**

Para ser mecánico de aviones también se necesita estar muy orientado a los detalles. Este trabajo es adecuado para las personas que tienen buena capacidad de concentración.

- **Técnico acústico**

Esto requiere la precisión necesaria para realizar ajustes milimétricos.

- **Mecánico de automóviles**

Esta profesión demanda una intensa precisión y atención al detalle.

• Corrector

Leer, encontrar errores y corregirlos requiere mucho enfoque y atención prolongada. Este es un gran puesto para las personas que desean trabajar en privado.

Profesiones para el Introvertido Inhibido

Los introvertidos inhibidos tienden a ser relajados y muy reservados. Suelen hacer las cosas a su propio ritmo. No les gusta hablar ni reaccionar de inmediato y prefieren pensar antes de responder. Evitan tomar decisiones precipitadas y actuar antes de analizar las cosas; no les gusta hacer nada sin pensarlo mucho de antemano.

Su naturaleza reservada y su inmensa capacidad de pensamiento permiten a estos introvertidos reflexionar profundamente sobre las cosas. También les proporcionan muchas habilidades de observación y les permiten tener visión de conjunto. En general, tienden a desenvolverse bien en trabajos que les dejan ser la voz de la razón.

A los introvertidos inhibidos les encanta pensar en decisiones y preguntas difíciles. No les importan los grandes desafíos y los manejan con confianza. Ergo, muchos introvertidos inhibidos funcionan bien en campos como el asesoramiento, la ciencia y varios campos vocacionales. Todas estas áreas necesitan un pensamiento crítico. Aquí puede encontrar una lista con algunas opciones profesionales para los introvertidos de este grupo:

• Físico

Para ser un buen físico es necesario poseer pensamiento crítico y precisión para buscar ideas y extrapolar indicadores a partir de datos.

• Astrónomo

Una gran oportunidad para los introvertidos orientados al detalle a los que les gusta pensar mucho y estar a solas.

- Geólogo

Trabajar como geólogo requiere mucha investigación y reflexión.

- **Asesor financiero personal**

Aunque esta profesión implica cierto grado de comunicación interpersonal, aún se recomienda para un introvertido inhibido.

- **Bioquímico o biofísico**

Al igual que los físicos, los bioquímicos o biofísicos necesitan poseer pensamiento claro y preciso.

- **Analista de gestión**

Los analistas de gestión deben prestar mucha atención a los detalles y poseer creatividad.

- **Microbiólogo**

La microbiología requiere grandes dosis de investigación y precisión.

- **Analista de investigación de mercado o especialista en marketing**

Comprender y predecir las tendencias del mercado requiere mucha reflexión.

- **Antropólogo o arqueólogo**

Ambos campos demandan capacidad de investigación y reflexión.

- **Científico para la conservación de la naturaleza**

Requiere mucha concentración.

- **Escritor creativo o de no ficción**

Escribir implica mucho pensamiento, creatividad y concentración.

- **Biólogo de fauna silvestre**

El amor por los animales y la soledad le permitirá triunfar en esta profesión.

- **Consejero de carrera laboral o educación**

Analiza las decisiones laborales de las personas de manera enfocada y precisa.

- **Terapeuta matrimonial o familiar**

Analiza los detalles del matrimonio y la vida matrimonial de la pareja.

- **Consejero de salud mental**

Estos consejeros deben recordar muchos detalles para ayudar a los demás adecuadamente.

- **Consejero de adicciones**

Ser un consejero de adicciones requiere pensar mucho y concentrarse en ayudar a las personas.

Capítulo Dieciocho: El Líder Introvertido

Por Qué Los Introvertidos Son Excelentes Líderes

Durante décadas, la gente ha creído que los introvertidos no pueden ser grandes y competentes líderes porque no poseen las cualidades necesarias para el liderazgo. La gente creía que los introvertidos son incapaces e ineficaces, y que pudieran presentar habilidades de liderazgo no era plausible.

Este mito se originó y se infiltró en la cima del mundo empresarial. De hecho, más del 65% de los ejecutivos *senior* en el mundo occidental creen que la introversión es una mala señal para los compañeros de equipo orientados a los negocios. Piensan que solo el 6% de los introvertidos pueden hacerse cargo de grandes empresas y gestionar un equipo con éxito. Muchos hombres de negocios creen que los líderes deben poseer ciertas cualidades como ser sociable, presentar naturaleza extrovertida y tener habilidades para establecer contactos entre expertos para tener éxito. Dado que estas habilidades generalmente se perciben como inherentes a los extrovertidos y, en general, se piensa que los introvertidos carecen de ellas, muchos líderes descartan a los introvertidos de inmediato al considerar candidatos para puestos de liderazgo. Obviamente, esto es un mito y un punto de vista sin sentido.

¿Qué Significa ser Introvertido?

Los términos "introvertidos" y "extrovertidos" fueron acuñados por Carl Jung en la década de 1920. Los introvertidos son personas que tienden a obtener su energía del tiempo que pasan solos en lugar de socializar. Los extrovertidos, por el contrario, tienden a obtener su energía de la socialización. Los introvertidos son generalmente introspectivos y callados. A menudo son observadores y a veces son tímidos.

Algunas personas creen que los introvertidos y los extrovertidos son como polos opuestos y que existe una gran diferencia entre los dos tipos, pero esto no es cierto; los introvertidos y los extrovertidos integrales no existen. La gente tiende a ubicarse en algún lugar hacia el medio del espectro de ambos tipos de personalidad.

Los introvertidos a menudo son tachados de personas antisociales a las que no les gusta hablar con la gente o estar cerca de otras personas. Por supuesto, esto es falso. Los introvertidos no son necesariamente antisociales. Prefieren la soledad porque les gusta la meditación y pensar en asuntos que son importantes para ellos. Se sienten frescos y renovados cuando pasan tiempo a solas, lo que les permite ver las cosas desde una perspectiva nueva y diferente. Mucha gente sostiene el mito de que ser introvertido significa ser un perdedor y un intelectual inadaptado. Pero esto dista mucho de la realidad. A los introvertidos les gusta pasar tiempo con otras personas, pero a su manera.

Como dijimos anteriormente, nadie es completamente extrovertido o introvertido. Pero según una estimación, alrededor del 33-55% de las personas se inclinan hacia la introversión, aunque esta demografía cambia drásticamente al movernos en el mundo de los negocios. En el mercado empresarial, más del 96% de las personas son extrovertidas. El número es aún mayor hacia las posiciones más altas, lo que demuestra que existe un fuerte prejuicio contra los introvertidos en este entorno. Muchos líderes consideran la extroversión como el mejor rasgo que puede tener esta figura. Este sesgo contra la introversión no solo es perjudicial para los introvertidos, sino que también es perjudicial para el mundo empresarial en sí mismo. Debido a esta falsa creencia, el entorno de los negocios ha perdido a innumerables grandes líderes que podrían haber cambiado el mundo.

Aunque es cierto que ahora se acepta generalmente que existe un sesgo contra los introvertidos en el mundo de los negocios, la pregunta es, ¿cuál es la razón detrás de este sesgo? Para encontrar la respuesta al problema, consideremos la historia que hay detrás.

Qué Entendemos Culturalmente por "Liderazgo"

Las definiciones de "líder" y "liderazgo" varían según el ámbito de aplicación, pero en términos culturales simples, el liderazgo es el proceso a través del cual otras personas son influenciadas de tal manera que trabajan juntas para lograr un objetivo común del grupo.

Originariamente, los líderes estaban destinados a ser personas que animaran a los miembros de su equipo a trabajar colectivamente hacia los objetivos perseguidos por el grupo. Pero con el tiempo, la definición cambió y ahora los líderes son titanes genuinos, carismáticos y resueltos que gobiernan sus equipos. En este paradigma, las habilidades de trabajo en equipo del líder no son tan importantes como la gestión del propio equipo y su imagen pública.

A lo largo del último siglo podemos encontrar docenas de estudios dirigidos a descubrir qué rasgos generan buenos líderes. Si consideramos los resultados de estas pruebas y estudios de forma acumulativa, los rasgos remarcables están presentes en ambos tipos de personalidad, y algunos tal vez se vean más en introvertidos que en extrovertidos. Ninguno de los rasgos va en contra del comportamiento y la actitud típicos de los introvertidos, por lo que es un sin sentido el por qué a los introvertidos todavía no se les ofrecen puestos de liderazgo. La respuesta a este problema son quizás los mitos que rodean la introversión y el liderazgo. Echemos un vistazo a estos mitos uno por uno.

- **Mito #1: A los introvertidos no les gusta el rol de líderes**

Este es uno de los mitos más perpetuados sobre los introvertidos, y es claramente falso. Los introvertidos quieren ser líderes; simplemente no tienen la oportunidad de desempeñar este papel.

Las personas introvertidas están presentes y tienen éxito en casi todos los ámbitos de la vida, ya sea en deportes, artes, negocios, películas, música o política. Muchos líderes introvertidos famosos en estos campos incluyen a Audrey Hepburn, Michael Jordan, Mahatma Gandhi y Albert Einstein. Muchos presidentes importantes de los Estados Unidos de América, incluidos Abraham Lincoln, Thomas Jefferson y Barack Obama, eran introvertidos. Incluso en el mundo de los negocios, muchos líderes destacados, incluidos Mark Zuckerberg, Bill Gates y Warren Buffet, son introvertidos. Esto demuestra que los introvertidos están presentes y tienen éxito como líderes en todos los campos.

Ciertamente pueden desempeñar un rol excelente en cualquier ámbito; solo necesitan aprender a usar sus habilidades correctamente. En lugar de mantener ocultos sus talentos y características, los introvertidos deberían aprovecharlos. De hecho, muchos rasgos introvertidos que generalmente se infravaloran en el mundo de los negocios pueden resultar beneficiosos.

- **Mito #2: Los introvertidos no tienen "don de gentes"**

Otro mito que es muy popular en el mundo de los negocios es que los introvertidos no poseen "don de gentes". Esto se traduce en que no poseen habilidades como la confianza y el carisma que son necesarios para un liderazgo eficaz.

Pues bien, algunas de las investigaciones más recientes dedujeron que, si bien es más probable que una persona carismática sea contratada como CEO, su carisma no garantiza éxito en su desempeño. Esto significa que el carisma no tiene nada que ver con el rendimiento. En los mismos estudios, se observó que a los líderes introvertidos les fue mucho mejor que a los líderes que fueron contratados teniendo en cuenta solo sus carismáticas personalidades.

Es cierto que los líderes introvertidos no suelen ser tan alegres o enérgicos como lo son los extrovertidos, pero su falta de alegría no se correlaciona con sus habilidades de liderazgo. Los líderes introvertidos tienden a estar más en sintonía con sus sentidos y, por lo tanto, pueden leer las señales emocionales de las personas con facilidad.

El área frontal del cerebro de los introvertidos es muy activa. Esta área contiene los lóbulos frontales y el tálamo, áreas responsables de diversas actividades de resolución de problemas y pensamiento; por lo tanto, los líderes introvertidos están mejor equipados para tomar las decisiones apropiadas, incluso en tiempos de crisis.

- **Mito #3: Los introvertidos no son comunicativos**

La forma en que los introvertidos procesan sus ideas, de manera diferente a los extrovertidos, suele resultar confusa para muchas personas. Algunas veces, los extrovertidos no logran comprender este procesamiento interno de ideas; incluso pueden juzgar mal a los introvertidos y pensar que no están interesados en la situación. Los introvertidos son metódicos y les gusta reflexionar sobre las cosas correctamente. Suelen repasar mentalmente diferentes escenarios antes de tomar una decisión, lo cual les permite estar seguros de sus planes. Una vez que están seguros, se los comunican a las personas con total confianza. Esta es una excelente forma de comunicarse con la gente y también es muy adecuado para puestos de liderazgo. De esta manera, los introvertidos pueden presentar sus ideas de una manera más concreta, bien pensada y lúcida.

- Mito #4: Los introvertidos no trabajan bien en equipo

A decir verdad, los introvertidos prefieren trabajar solos ya que de esta forma son muy productivos. Pero esto no significa que no puedan trabajar correctamente en un equipo o que no puedan guiar a otros hacia un objetivo colaborativo. Los líderes introvertidos pueden ser especialmente buenos en situaciones difíciles.

Un estudio realizado en la Universidad de Harvard determinó que los líderes extrovertidos son excelentes para los equipos pasivos, pero pueden ser bastante problemáticos para los equipos proactivos. En este último caso, todos los miembros del equipo son tratados por igual y se aceptan las ideas de todos ellos. Los introvertidos son mucho más adecuados para este tipo de equipos; sus habilidades para escuchar pueden ayudar a estos grupos a lograr un mayor éxito. Los introvertidos son más receptivos a las ideas de otras personas.

Recomendaciones para Líderes Introvertidos

Habiendo quedado claro que los introvertidos pueden convertirse en muy buenos líderes, cabe decir que, en la práctica, convencer a la gente de esto puede llevar algún tiempo. Pero no se preocupe, puede seguir adelante, decidido y confiado. La confianza en uno mismo es la clave para ganar en la vida.

Muchos consejos pueden ayudarlo a convertirse en un gran líder introvertido. En esta sección, analizaremos algunos de estos consejos uno por uno.

- **Primero escuchar, luego hablar**

Esta es una tendencia natural de los introvertidos; tienden a escuchar mucho más que a hablar. Es una gran habilidad que se puede utilizar en el mundo empresarial. Si quiere ser conocido y respetado como un gran líder, debe prestar siempre atención a lo que dicen otras personas. Ha de escuchar lo que sus clientes, amigos, empleados y seguidores le expresen. No importa quién sea el mejor orador porque los mejores oradores generalmente no tienen las mejores ideas.

- **Crecerse en tiempos de crisis**

Las crisis y los problemas son algo habitual para todas las personas. Todos afrontamos crisis personales y profesionales de vez en cuando. No importa cuántas crisis enfrente, lo que más importa es cómo las enfrenta y cómo reacciona en los momentos de adversidad. Un líder debe ser la voz de la razón todo el tiempo. Incluso si el barco se está hundiendo, un líder necesita motivar a la gente para salvarlo. Los introvertidos están dotados con buenas habilidades reflexivas y paciencia. Estas dos habilidades son fundamentales en tiempos de crisis.

- **Salir de la zona de complacencia**

Como explicamos en uno de los capítulos anteriores, debe aprender a salir de su zona complaciente. Si quiere ser un líder, tendrá que salir un poco de su zona de confort, pero dejar muy atrás su zona de complacencia. Ser líder implica hablar con las personas y gestionarlas. Aun teniendo en cuenta que es posible que no le guste hablar con la gente, si quiere ser un líder exitoso, tendrá que hacerlo. Incluso si cree que la conversación trivial es inútil y la odia, tendrá que hacerlo de vez en cuando. Si le resulta especialmente difícil hablar en público, asista a clases de oratoria. Tome la iniciativa en nuevos proyectos y ofrézcase como voluntario para emprender cosas nuevas. Trabaje en sí mismo todos los días y avance progresivamente.

- **Mantenerse en la zona de confort**

A los introvertidos les encanta hablar consigo mismos y meditar las cosas. Estas dos actitudes son cruciales, junto con la soledad, para ellos. Dichas sesiones les permiten reflexionar y relajarse. Un cerebro relajado puede mirar las cosas desde varios puntos de vista y producir excelentes ideas y soluciones. En consecuencia, como líder, siempre reserve algo de tiempo para usted. No es necesario que sea una hora; puede tomar un descanso de 15 minutos simplemente y sentarse solo en silencio. Deje fluir sus pensamientos y deje que su cuerpo se relaje por completo. Si tiene alguna idea mientras hace esto, no se levante hasta que termine la sesión. Una vez finalizada la sesión, puede pasar al siguiente consejo.

- **Escribir**

A los introvertidos, por lo general, se les da mejor la expresión escrita frente a la oral. Es por eso que debe plasmar sus ideas en papel tanto como le sea posible antes de hablar sobre ellas. Tome algunos puntos clave y resáltelos, le ayudará a hablar con claridad y lucidez. Termine siempre sus intervenciones planteándoles a los empleados preguntas desafiantes, ya que eso les ayudará a alcanzar un mejor desempeño.

Es posible que haya notado que ciertos rasgos son comunes tanto en los introvertidos como en los extrovertidos. Los introvertidos también pueden usar sus fortalezas, como la capacidad de escucha activa y la observación, para convertirse en excelentes líderes. Si cree que tiene algunas debilidades, acéptelas e intente trabajar en ellas. Así es como se llega a ser un gran líder.

Capítulo Diecinueve: Los Introvertidos Pueden Cambiar el Mundo

Las personas responsables y comprometidas que sienten que deben aportar algo a la sociedad y a la humanidad, a menudo sueñan con cambiar el mundo. Quieren convertirlo en un lugar mejor y generar cambios positivos en la vida de otros. Si usted es una de esas personas, querrá ver el mundo desde un punto de vista optimista. Seguramente querrá que la gente pueda recordarlo como un pionero innovador que cambió la vida de otros aportando algo beneficioso. Si bien todo esto puede ser bastante fácil para los extrovertidos, gracias a su naturaleza abierta y sociable, puede resultar muy difícil para los introvertidos, especialmente si usted es una de esas personas a las que no les gusta ni la idea de salir. Sin embargo, esto no quiere decir que no pueda marcar una diferencia en la vida de muchos. Todavía es posible.

Si es una persona muy introvertida y socialmente inadaptada que quiere cambiar el mundo, pero no sabe cómo empezar, no se preocupe; no está solo. Hay mucha gente como usted y hay esperanza. En este capítulo, encontrará muchos consejos y sugerencias que puede utilizar para aprender a cambiar el mundo, paso a paso.

Haga la Mayoría del Trabajo por su Cuenta

A los introvertidos no les molesta la gente, pero prefieren hacer las cosas por su cuenta. Esto es consecuencia de que prefieren la soledad y les gusta llevar su propio ritmo y disfrutar de su propio espacio. Si usted realmente desea cambiar el mundo, comprenda sus pros y aborde sus contras.

Aportar algo a la sociedad no significa tener que salir de casa y organizar protestas, sentadas y marchas. Puede cambiar el mundo desde su casa. Trate de encontrar métodos para apoyar los movimientos a los que usted quiere sumarse y que ocurren fuera de su zona de confort. Por ejemplo, si las personas necesitan ropa, puede ayudarlas creando prendas de vestir en su hogar.

Sus Creaciones son su Legado

Los introvertidos suelen poseer talentos artísticos. Si usted posee estas habilidades, puede usarlas para cambiar el mundo. Hay muchas formas en las que puede utilizar el arte para tal fin. Las expresiones masivas de arte callejero, el fotoperiodismo o la redacción de artículos de opinión son excelentes vías para dejar su huella. Si desea algo más específico, puede crear obras de arte enfocadas a la audiencia local. De esta manera, podrá marcar una diferencia que observará de inmediato.

Si no Socializa Demasiado, Interaccione por Medio de la Palabra Escrita

Los introvertidos no siempre son buenos con la comunicación verbal, pero generalmente son buenos con la comunicación escrita. Muchos escritores y autores famosos eran introvertidos. Si se siente abrumado ante la perspectiva de hablar con la gente para cambiar el mundo, considere otras opciones. En lugar de obligarse a hacer algo que le resulte desagradable, elija métodos que le ayuden a lograr los mismos objetivos sin que le incomoden. En lugar de pronunciar discursos en marchas, escriba columnas y artículos. Su escritura puede motivar a otros a seguir adelante y seguir su ejemplo. Así, podrá liderar una revolución sin tener que salir de su zona de confort.

Explore su Entorno

Si decide utilizar su arte para una demostración pública, es mejor explorar el área a fondo antes de elegir un lugar para exhibir su arte. De esta manera, sabrá cuántas personas podrán ver su arte. A los introvertidos no les gustan las multitudes, pero si quieres cambiar el mundo, necesitas atraer a un número significativo de personas hacia tu obra.

Es Aceptable Fallar o Evitar Ciertas Ideas

A los introvertidos les encanta reflexionar y habitualmente llegan a ideas excepcionales, pero muchas veces es difícil hacer realidad estas ideas. Puede que sueñe con hacer documentales y obras de arte que cambien el mundo (y ganen algunos premios), pero esto no es algo sencillo.

El hecho de ser introvertido no significa que todas las ideas que genere sean adecuadas para su personalidad. Muchas veces, los introvertidos obtienen ideas que se adaptan mejor a los extrovertidos. En tales casos, rara vez actúan sobre estas ideas que se acaban extinguiendo. Esto se debe a que el ajetreo y el bullicio involucrados en hacer realidad estas ideas son agotadores, si no imposibles de soportar, para los introvertidos.

Esto no quiere decir que no deba tener metas ambiciosas. Puede que sienta miedo de ellas ahora, pero los tiempos pueden cambiar y podría alcanzarlas con éxito en el futuro. Si cree que su idea es demasiado grande y abrumadora, intente dividirla en trozos y llevarla a cabo paso a paso. O puede dejar de lado la gran idea y comenzar con ideas más pequeñas y simples. Dar pequeños pasos y tener éxito es mucho mejor que dar grandes pasos y fallar.

Acepte sus Dificultades Sociales

Si tiene ansiedad social además de ser introvertido, no se preocupe y, en lugar de ocultarla, acéptela. Use esta dificultad de manera que le ayude a enviar un mensaje a otras personas. Tener ansiedad social y sentirse inadaptado no es algo negativo. Más bien, es un signo de crecimiento y desarrollo. Si siente ansiedad al hacer algo significa que no se siente cómodo con esa acción. Si se siente cohibido mientras ayuda a alguien, no desespere y sobre todo no abandone su labor. Continúe haciéndolo y pronto dejará de sentirse extraño.

La Introversión no es Excusa

No importa si es introvertido o extrovertido, cualquiera puede cambiar el mundo si tiene la dedicación y la pasión necesarias. En lugar de culpar a la introversión por su falta de acción, siéntese y reflexione sobre por qué no está tomando ninguna medida para cambiar el mundo. A menudo, encontrará razones que no están relacionadas en absoluto con este carácter. En lugar de ocultar sus rasgos introvertidos, utilícelos y conviértalos en activos.

Ser introvertido puede marcar una gran diferencia si sabe cómo usarlo. Para cambiar el mundo, debe actuar, y para actuar, debe salir de su zona complaciente. Considérelo como un ejercicio de crecimiento personal. Si intenta cambiar las cosas definitivamente, tendrá la oportunidad de conseguir que cambien. Pero ha de comenzar por intentarlo porque si simplemente acepta la derrota incluso antes de intentarlo, ¡nunca tendrá éxito!

En consecuencia, si quiere cambiar el mundo, comience por cambiarse a sí mismo. Haga el esfuerzo, sea atrevido y tenga confianza en sus capacidades. Dé pequeños pasos si no se siente cómodo haciendo grandes cambios en su vida. Con el tiempo, seguramente podrá aportar grandes cosas a la sociedad.

Conclusión

Con toda seguridad, a estas alturas del libro ya tiene una idea clara de lo difícil y confusa que puede ser la vida para un introvertido. Está llena de contradicciones y situaciones complejas. Por ello no es de extrañar que los introvertidos se mantengan alejados de zonas concurridas y reuniones sociales, ya que estas situaciones parecen diseñadas para los extrovertidos.

Una de las cosas básicas que un introvertido debe tener siempre presente es que la introversión es perfectamente natural. Muchos tratan de cambiarse a sí mismos y se generan una gran presión para convertirse en extrovertidos. Sin embargo, en lugar de tratar de cambiar su personalidad, debería aceptarse a sí mismo y usar sus características como fortalezas. Si abraza sus cualidades puede usarlas en su beneficio.

Este libro contiene una variedad interesante de recomendaciones y trucos que pueden facilitarle la vida como introvertido. Estos consejos han sido puestos a prueba y funcionan. Se recomienda que los practique frecuentemente hasta convertirlos en hábitos y comience a usarlos de una manera más natural e interiorizada.

Recuerde confiar siempre en sí mismo y tener paciencia. Sea usted mismo y el mundo le querrá como es.

Referencias

https://www.learning-mind.com/4-introvert-types-which-one-are-you/

https://thriveglobal.com/stories/25-signs-that-tell-you-are-an-introvert%EF%BB%BF/

https://www.mindfulnessmuse.com/individual-differences/myers-briggs-8-introverted-personality-types

https://introvertdear.com/what-it-feels-like-to-be-an-introvert/

https://introvertspring.com/15-introvert-myths-busted/

https://www.elegantthemes.com/blog/business/famous-introverts-and-what-you-can-learn-from-them

https://www.magicaldaydream.com/2015/09/7-tips-on-how-to-change-the-world-if-youre-an-introverted-unicorn.html

https://thehustle.co/why-introverts-make-great-leaders/

https://www.lifehack.org/articles/communication/5-simple-and-effective-leadership-tips-for-introverts.html

https://www.scienceofpeople.com/introvert/

https://www.trade-schools.net/articles/best-jobs-for-introverts

https://psych2go.net/10-things-introverts-need-relationship/

https://psych2go.net/6-relationship-tips-for-introverts/

https://www.huffpost.com/entry/how-to-network-introvert_l_5d13d8c2e4b0d0a2c0ab3e92

https://www.forbes.com/sites/jonlevy/2018/04/20/8-networking-tips-for-introverts-from-a-superconnector/#60845ca226ef

https://introvertdear.com/news/introverts-guide-making-friends-get/

https://www.valgeisler.com/11-perfectly-introverted-ways-to-make-friends-as-an-adult/

https://introvertspring.com/how-to-make-friends-if-youre-an-introvert/

https://www.quietrev.com/the-4-differences-between-introversion-and-social-anxiety/

https://themighty.com/2019/03/introvert-with-social-anxiety-what-to-know/

https://www.elitedaily.com/p/how-introverts-can-make-small-talk-less-painful-more-meaningful-according-to-experts-8917603

https://www.lifehack.org/articles/lifestyle/7-epic-strategies-for-introverts-by-introverts-to-ignite-your-social-skills.html

https://www.wikihow.com/Be-Socially-Confident

https://introvertdear.com/news/anxious-introverts-fears/

https://psych2go.net/5-steps-to-overcome-your-fears-as-an-introvert/

https://introvertdear.com/news/introverts-happy-need/

https://www.verywellmind.com/how-to-be-a-happy-introvert-1717557

https://introvertdear.com/news/introverts-alone-time-science-marti-olsen-laney/

https://psychcentral.com/lib/introverts-and-the-quest-for-quiet/

https://blog.dropbox.com/topics/work-culture/introverts-quiet-time-creativity

https://introvertspring.com/the-truth-about-introvert-anxiety-and-depression/

---

https://www.familyaddictionspecialist.com/blog/how-mental-health-issues-may-differ-among-introverts-and-extroverts

https://introvertdear.com/news/5-reasons-introverts-mental-health-plan/

https://jenniferrabin.com/introverts-can-change-world/

www.ingramcontent.com/pod-product-compliance
Lightning Source LLC
Chambersburg PA
CBHW070801300326
41914CB00053B/762